KB133947

국제분쟁
무엇이
문제일까?

국제분쟁 무엇이 문제일까?

1판 7쇄 발행 2024년 10월 15일

글쓴이 김미조

편집 이순아
디자인 문지현
표지그림 일러스트 두나

펴낸이 이경민
펴낸곳 ㈜동아엠앤비
출판등록 2014년 3월 28일(제25100-2014-000025호)
주소 (03972) 서울특별시 마포구 월드컵북로22길 21 2층
홈페이지 www.dongamnb.com
전화 (편집) 02-392-6901 (마케팅) 02-392-6900
팩스 02-392-6902
SNS
전자우편 damnb0401@naver.com

ISBN 979-11-6363-510-9 (43340)

※ 책 가격은 뒤표지에 있습니다.
※ 잘못된 책은 구입한 곳에서 바꿔 드립니다.
※ 이 책에 실린 사진은 셔터스톡, 위키피디아에서 제공받았습니다. 그 밖의 제공처는 별도 표기했습니다.
※ 본문에서 책 제목은 『 』, 논문, 보고서는 「 」, 잡지나 일간지 등은 《 》로 구분하였습니다.

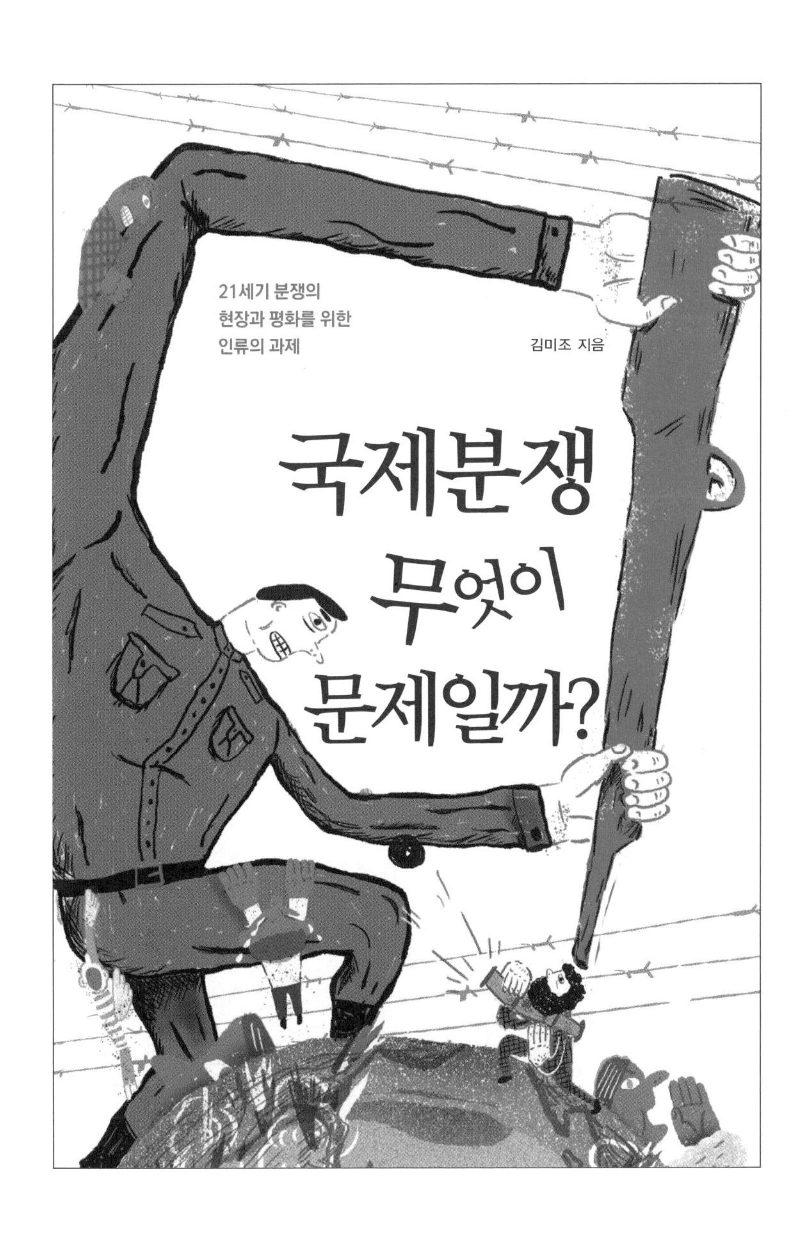

동아엠앤비

작가의 말

세상의 모든 분쟁이 끝나길 희망하며

미국 드라마 〈왕좌의 게임〉은 칠왕국 전체의 통치권을 차지하려는 일곱 나라의 싸움을 보여줍니다. 이 드라마에서는 두 종류의 싸움이 동시에 벌어집니다. 각 나라 안에서는 왕좌를 두고 싸우는 사람들이 있고, 이와 더불어 칠왕국 전체의 통치권을 위해 싸우는 사람들이 있습니다. 결국 사람들은 단 하나의 왕좌를 차지하기 위해 내전을 펼치고, 단 하나의 통치권을 차지하기 위해 국제전을 펼칩니다. 정말 놀라운 일은 세상 밖에선 '죽은 자들의 군대'가 빠른 속도로 다가오고 있다는 것입니다. 이들의 목표는 인간 세상을 멸망시키는 것입니다. 사람들은 이 사실을 알게 된 후에도 싸움을 멈추지 않습니다. 단 하나의 왕좌와 칠왕국 전체의 통치권 잡기에 혈안이 되어서입니다.

죽은 자들의 군대는 인간을 위협하는 재앙입니다. 이 재앙이 드라마에선 유령으로 표현되었지만 현실에서는 태풍, 폭우, 지진 등의 자연재해가 될 수도 있고, 페스트, 사스, 코로나19 등의 전염병이 될 수도 있습니다. 인간은 자연재해나 전염병의 위협으로부터 한 번도 자유로웠던 적이 없었습니다. 2000년 전 고대 도시 폼페이는 화산 폭발로 인해 통째로 사라졌고, 600년 전 유럽을 강타한 페스트는 최소 7,500만 명의 목숨을 빼앗았습니다. 그리고 2020년 초 코로나19라는 재앙이 세계를 휩쓸었습니다.

코로나 19는 인간이 전염병 앞에서 얼마나 무력한 존재인지를 뼈아프게 깨닫게 했습니다. 개발도상국이나 빈민국은 물론이고 선진국들도 국가 봉쇄까지 했건만 하루에도 수천 명이 감염되었고 수백 명이 목숨을 잃었습니다. 특히 미국은 공공 의료 시스템의 부재와 비싼 의료비로 인해 코로나19의 습격을 받은 지 단 석 달 만에 10만 명 넘는 사람이 죽었습니다. 관이 부족해 죽은 사람들을 자루에 넣고선 냉동 트럭에 보관하기까지 했습니다. 뉴욕에선 넘쳐나는 시신을 감당하지 못해 근처 하트섬에 집단 매장하는 일까지 있었습니다. 세계 최고 강대국인 미국에서 일어난 일이라는 게 믿기지 않을 정도입니다.

오늘날 인류는 그 어느 때보다 발전된 의학 기술을 가졌습니다. 하지만 백신도 치료 약도 없는 코로나19 같은 전염병이 돌면 속수무책으로 당하고 맙니다. 또 화산 폭발, 지진, 폭우, 가뭄, 태풍 등으로 인한 자연재해는 과학 기술로도 막을 수 없습니다. 그런데도 인류는 세계 곳곳에서 분쟁을 일으키고 있으며, 그 때문에 수많은 사람이 죽거나 다치고, 심지어 삶의 터전을 잃어 난민이 되기도 합니다. 죽은 자들의 군대가 쳐들어오는 것을 뻔히 알면서도 서로 잡아먹지 못해 안달이 나 있는 형국과도 같습니다.

지구의 역사는 46억 년이지만 인류의 역사는 겨우 10만 년입니다. 한 개인의 역사는 이보다 훨씬 짧습니다. 하지만 분쟁은 사람들에게 허락된 이 짧은 시간조차 잔인하게 빼앗아 버립니다. 또 많은 아이가 어른이 되어 보지도 못한 채 죽어가고 있습니다. 2016년 터키('튀르키예' 전 이름) 해변에서 주검으로 발견된 아일란 쿠르디도 어른이 될 권리를 빼앗긴 아이였습니다. 쿠르디는 전쟁으로 거의 모든 것이 파괴된 시리아에서 도망을 나와 가족들과 작은 배를 탔습니다. 그런데 그 배가 풍랑을 만나 뒤집혔고, 엄마와 아이는 바다에 빠졌습니다. 며칠 후 아이의 시신만 터키 해안가로 떠밀려 왔습니다. 전쟁만 아니었다면 아이는 앞으로 수십 년은 더 살았을 것이고, 다른 아이처럼 어른이 되어 가는 과정을 겪으며 많은 것을 경험할 수도 있었을 것입니다. 하지만 아이는 그런 시간을 빼앗겼습니다. 분쟁은 파괴력만 높을 뿐 그 어떤 것도 책임지지 않습니다.

우리 역시 아일란 쿠르디의 죽음을 텔레비전을 통해 목격할 뿐이며, 대다수 사람들은 그 아이가 왜 죽었는지, 그 아이의 나라에서 무슨 일이 일어나고 있는지 모릅니다. 그냥 터키 해변에서 시체로 발견된 세 살 아이의 사진을 보고 '세상에, 어떻게 이런 일이.'라며 가슴 아파할 뿐입니다.

하지만 적어도 우리는 이 이야기를 알아야 할 필요가 있습니다. 아직도 이 세상에는 수천수만 명의 아일란 쿠르디가 있기 때문입니다. 이와 같은 아이들이 오늘은 지구 반대편에서 발견되었지만, 내일에는 바로 이곳에서 발견될 수도 있습니다. 분쟁은 국가와 사람을 가리지 않습니다. 이런 상황에서 우리는 안전할 것이라 어떻게 확신할 수 있을까요? 이제 인류는 하나의 국가를 뛰어넘어 '지구 공동체'를 이루며 살고 있기 때문에 어떤 분쟁도 나와는 무관한 남의 일이 될 수 없습니다.

이 책은 지금 지구에서 벌어지고 있는 다양한 국제 분쟁들의 이유와 과정을 밝히고 있습니다. 이를 통해 우리 모두 국제 분쟁을 해결할 수 있는 화해의 실마리를 찾기를 희망해봅니다.

차례

한국 VS 북한
1953년 휴전 이후 남과
북으로 나눠졌으나 평화
협정을 위한 노력을
지속적으로 하고 있다.

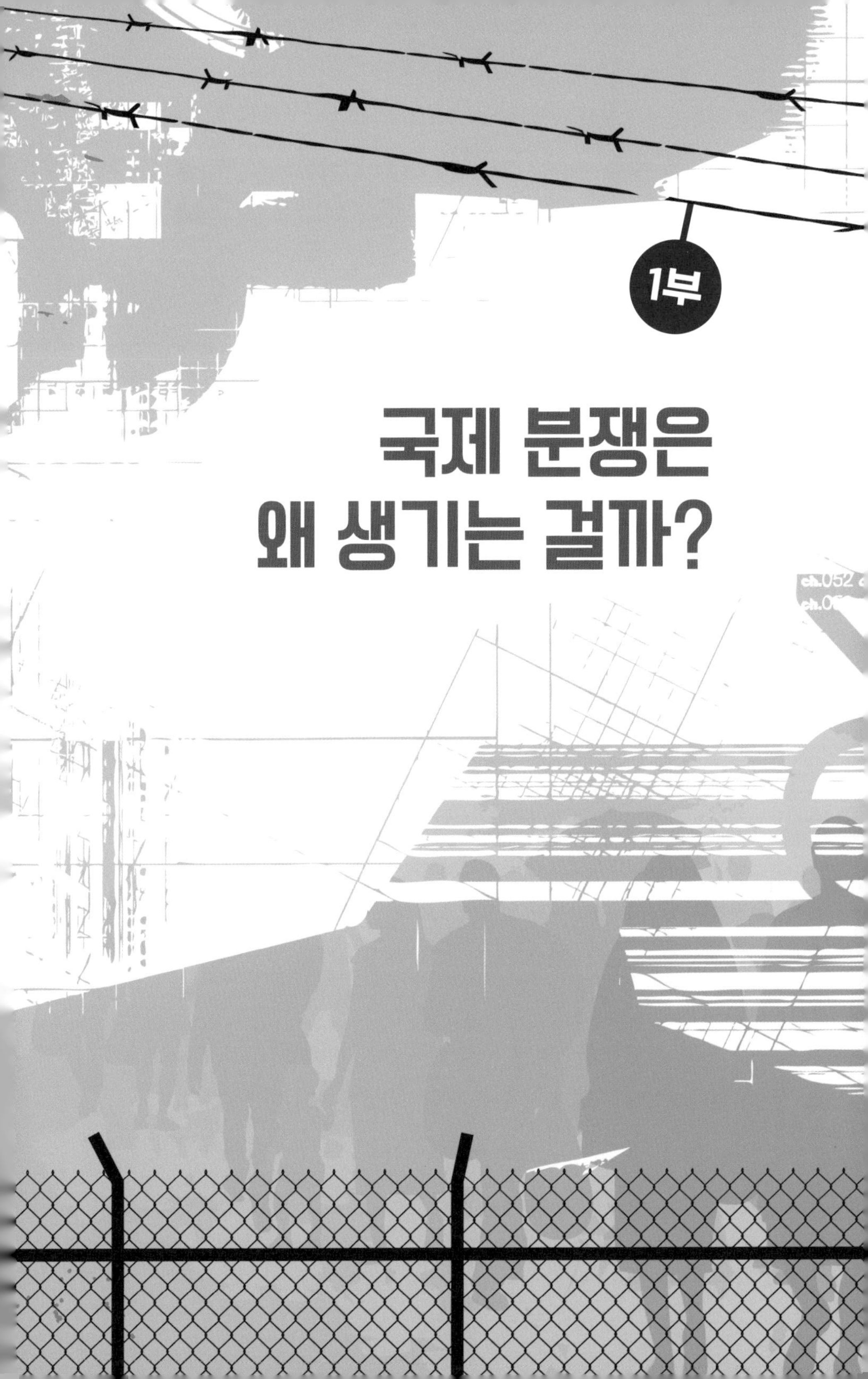

1부

국제 분쟁은 왜 생기는 걸까?

우리나라는 국제 분쟁에서 안전할까?

"한국에 간다고? 위험하지 않아?"

이 질문은 여행, 유학, 사업을 목적으로 한국에 오는 외국인이라면 꼭 한 번씩 듣는 이야기라고 합니다. 외국에서 바라보는 한국은 북한과 휴전 중인 상황이기 때문입니다. '휴전'은 말 그대로 '전쟁 중 얼마 동안 싸움을 멈춘 상태'를 뜻합니다. 국제법상 휴전은 여전히 전쟁 상태임을 의미합니다.

한국은 어쩌다 휴전 상태로 있게 된 걸까요? 6.25 전쟁(한국전쟁)은 1950년 6월 25일 시작해 1953년 7월 27일(만 3년 1개월 2일간)에 끝났습니다. 당시 남한과 북한은 완벽히 전쟁을 끝낼 종전 협정을 맺어야 했지만 아쉽게도 일시적으로 전투를 중단하는 휴전 협정만 맺었습니다. 그때부터 지금까지 남한과 북한은 휴전선을 사이에 두고 군사적으로 대치하고 있습니다.

사실, 남한과 북한이 종전 협정을 맺을 기회가 수년 전에 있었습니다. 2018년 4월 27일 판문점에서 만난 문재인 대통령과 김정은 조선민주주의인민공화국 국무위원장은 '판문점 선언'에서 한반도 비핵화뿐만 아니라 1년 안에 종전 선언을 하겠다고 약속했습니다. 판문점 평화의 집에서 진행된 남북 정상 회담에서 남과 북은 한반도 비핵화를 위한 국제 사회의 지지와 협력을 위해 적극 노력하기로 했습니다. 양 정상은 정기적인 회담과 직통 전화를 통하여 민족의 중대사를 수시로 진지하게 논의하고 신뢰를 굳건히 하며, 남북 관계의 지속적인 발전과 한반도의 평화와 번영, 통일을 향한 좋은 흐름을 더욱 확대해나가기 위해 함께 노력하기로 했습니다. 당시 많은 사람이 기대에 부풀었습니다. 종전 협정 후 평화 협정까지 맺으면 한반도는 진정한 평화를 찾을 수 있기 때문이었

2018년 4월 27일 문재인 대통령과 김정은 북한 국무위원장이 판문점 공동 선언 이후 평화의 집에서 악수를 하고 있다.

습니다. 한반도에 진정한 평화가 찾아온다면, 우리는 북한을 거쳐 중국이나 러시아, 유럽까지 갈 육로를 만들 수 있습니다. 휴전 상태로 인해 발생하는 천문학적인 군사 비용을 복지 비용으로 바꿀 수도 있습니다. 이처럼 종전 협정이 우리에게 가져다주는 긍정적인 변화는 셀 수 없이 많습니다.

하지만 그토록 바라던 종전 협정은 미국이라는 걸림돌에 부딪히고 말았습니다. 그 이유는 종전 협정을 맺을 수 있는 주체가 남한과 북한이 아니기 때문입니다. 이상한 말이지만, 우리나라는 우리의 일을 결정할 권리를 갖지 못했습니다. 6.25 전쟁 당시 이승만 대통령은 UN 군사령관이었던 더글러스 맥아더Douglas MacArthur 미 육군 최고사령관에게 국군의 지휘권을 위임했습니다. 이후 한국군은 독자적인 지휘권을 가지지 못한 채 UN군사령부 휘하에서 전쟁을 치렀고 1953년 정전 협정에는 한국 대신 미국이 참석해 중국, 북한과 함께 한반도의 운명을 결정해 버렸습니다. 결국 우리는 정전 협정의 주체가 아니었기에 현재 종전 협정, 평화 협정 또한 주도적으로 이끌지 못하고 있습니다.

한반도는 여전히 휴전 중이지만 우리는 외국의 다른 분쟁 국가들처럼 분쟁의 위기를 피부로 절실하게 느끼지는 않습니다. 가끔 남한과 북한 사이에 군사적 충돌이 일어나면, 바짝 긴장하기도 하지만 대체로 평화로운 일상을 누리고 있습니다. 우리나라는 치안이 잘 되어 있으며 비교적 범죄율이 낮은 편에 속합니다. 삶의 질을 데이터베이스화해 수치를 메기는 넘베오(numbeo)가 2020년

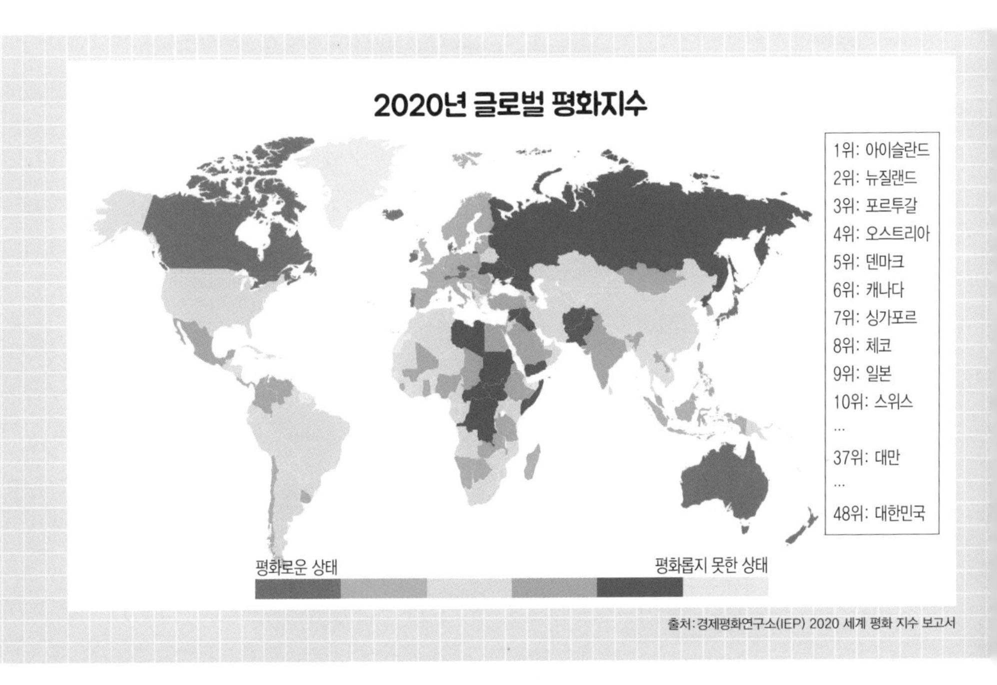

출처: 경제평화연구소(IEP) 2020 세계 평화 지수 보고서

발표한 전 세계 치안 순위에서 한국은 24위(133개국 중), 163개국을 대상으로 한 2020년 세계 평화지수(GPI, Global Peace Index)는 48위의 점수를 받았습니다. 사회, 정치적 갈등, 군사 예산, 무기 수출, 폭력 범죄의 정도, 전쟁 사상자, 죄수 규모, 조직범죄 수준, 잠재적인 테러 공격 위험, 인접 지역이나 국가와의 상대적 관계 등 23개 지표를 종합하여 평화를 수치화해서 발표한 것입니다.

현재 한국과 북한은 경제력뿐 아니라 군사력에서도 상당한 격차를 보이고 있습니다. 미국의 군사력 평가 기관인 글로벌 파이어 파워(GFP, Global Fire Power)가 발표한 2021년 군사력 순위 보고서에서 한국은 세계 138개국 중 6위에 올라 있습니다. 반면, 북한은

28위를 기록했습니다. 경제력, 군사력의 격차만으로는 전면전의 발생 여부를 따질 수 있는 기준점이 될 수 없습니다. 한반도를 둘러싼 주변 열강들의 이해관계, 국제 정세, 한국과 북한의 국내 사정 등에 따라 한반도의 평화 여부가 결정되기도 하는데, 이러한 요소들은 생명체처럼 끊임없이 움직이고 있기에 섣부르게 미래를 판단할 수는 없습니다. 다만, 우리는 한반도의 평화를 지속하고자 끊임없이 노력할 필요가 있습니다.

오늘날 세계 곳곳에선 적지 않은 나라가 크고 작은 분쟁에 시달리고 있습니다. 잠재적인 분쟁 지역을 제외하더라도 대립과 충돌로 갈등을 겪는 분쟁은 총 65개(KIDA, Korea Institute for Defense

Analyses, 한국국방연구원 세계 분쟁 정보 기준)입니다. 이러한 수치는 국제 분쟁이 다만 과거의 역사가 아니라 오늘날에도 빈번히 행해지는 현재의 역사임을 보여줍니다.

정치나 종교 등의 문제로 다른 민족이나 국가가 서로 다투는 지역을 분쟁 지역이라 합니다. 분쟁은 그 강도에 따라 충돌 분쟁, 대립 분쟁, 잠재 분쟁으로 나눌 수 있습니다. 충돌 분쟁은 현재 분쟁으로 인한 폭력 사태가 발생하는 상황이고, 대립 분쟁은 대립 관계에서 실제 행동으로 이어질 가능성이 높은 상황입니다. 잠재 분쟁은 분쟁의 이유가 해결되지는 않았지만, 평화 협정 등이 체결되어 대립 행위가 실제로 종료된 상황입니다.

강도에 따른 지역별 분쟁 분포 (2021.3월 기준)

	충돌(34)	대립(18)	잠재(13)
아시아 (17)	· 아프가니스탄 분쟁 · 미얀마 민주화 운동 · 미얀마 소수민족 분리주의 분쟁 · 미얀마 로힝야족 위기 · 필리핀 내전 · 카슈미르 분쟁 · 파키스탄 내분 · 인도 내분 · 중국 분리 운동	· 남중국해 분쟁 · 중국-인도 국경 분쟁 · 남쿠릴 열도 (북방영토) 분쟁 · 센카쿠열도 (댜오위다오) 분쟁 · 중국-대만 대립 · 태국 남부 분쟁	· 인도네시아 분리주의 분쟁 · 방글라데시 분쟁
중동 (6)	· 이라크 내분 · 예맨 내전 · 시리아 내전 · 레바논 내전 · 이스라엘 팔레스타인 분쟁	· 미국-이란 갈등	
아프리카 (24)	· 나이지리아 분쟁 · 에피오피아 내전 · 말리 분쟁 · 중앙아프리카공화국 내전 · 소말리아 내전 · 리비아 내전 · DR 콩고 분쟁 · 수단 다르푸르 사태 · 차드 분쟁 · 케냐 정치/부족 분규 · 니제르 내분 · 나이지리아-니제르델타 분쟁 · 이집트 분쟁	· 우간다 내전 · 부룬디 내전 · 모잠비크 내전 · 토고 정쟁 · 알제리 내전 · 앙골라 내전 · 기니-비사우 내전	· 가봉 정치분규 · 코트디부아르 내전 · 서사하라 분쟁 · 이집트-수단 분쟁 · 남수단 내전
CIS (6)	· 흑해 함대 분할 분쟁 · 아제르바이잔-아르메니아 전쟁 · 러시아-체첸 전쟁 · 러시아(남오세티야)-조지아 (그루지야) 분쟁	· 조지아(그루지야)-압하지야 분쟁	· 몰도바 내 분리 운동
중남미 (4)	· 멕시코 내전 (마약 카르텔과의 전쟁) · 콜롬비아 내전 · 페루 내분		· 포클랜드 분쟁
유럽 (8)		· 북아일랜드 분쟁 · 스페인-카탈루냐 분쟁 · 바스크-스페인 분쟁	· 보스니아 분쟁 · 마케도니아 분쟁 · 키프로스 분쟁 · 코소보 분쟁 · 헝가리-슬로바키아 분쟁

출처: 한국 국방연구원(KIDA, 세계 분쟁 연구 현황)

분쟁의 단계 분류

세부 분류	개념 및 지표
충돌 분쟁	• 원인 발생 후 무력 수단을 기반으로 한 폭동, 소규모 테러와 같은 본격적인 대립 행위의 발생 • 일방이 상대방의 인명 살상을 목적으로(조직적인) 무력을 동원한 경우 • 분쟁의 5대 요건을 충족하여 상호 간에 대립이 개시된 분쟁
대립 분쟁	• 본격적인 대립 행위 외 대립 의지가 충분히 고조되어 실제 행동으로 이어질 가능성이 높은 경우 • 직접적인 인명 살상이 아닌 힘을 통한 과시와 위협을 위해 무력을 동원하는 단계(무력 대립)
잠재 분쟁	• 분쟁의 요인이 소멸하지는 않았지만 이를 쟁점으로 제기하고 대립을 통한 해결을 모색하는 주체가 소멸되었거나 기능 정지 상태에 들어간 경우 • 분쟁의 요인은 남아 있으나 분쟁 당사자 간 평화 협정이 체결되는 등 비평화적 수단에 의한 동원 의지가 포기된 경우 • 평화 협정 체결 이후에도 협정의 세부 내용 합의, 이행, 내부 분란 등으로 대립 행위가 실제로 종료되고 평화가 정착되기까지는 시간이 소요되기에 '잠재'로 관리

분쟁의 강도 (충돌 분쟁)

강도	개념 및 지표
A급 (전면전)	• 전개된 전투가 전 지역/ 전선에 걸친 전면전으로서, 보유한 무력이 총동원된 분쟁 • 반군 세력을 기준으로 연인원 2천 명(연대급 이상 부대)이 동원되고, 항공기, 중장거리 미사일, 1000톤급 이상의 함정, 전차 등의 무기가 동원된 분쟁
B급 (국지전)	• 전개된 전투가 일부 지역/ 전선에 걸친 국지전으로서, 부분적이고 제한적인 무력이 동원된 분쟁
C급 (게릴라전)	• 전개된 전투가 명확한 전선을 형성하지 않은 상태(장악 지역의 가변성)에서 수행되는 게릴라전 수준으로서, 조직적인 소규모 무력이 동원된 분쟁 • 중대(100명)~대대(500명)급의 부대가 동원되고, 중 소형 박격포, 기관총 등 휴대용 무기 체계와 대형 폭약 등이 주로 동원
D급 (폭동, 테러)	• '조직적인' 무력의 사용이 결여된 분쟁 • 중대(100명급) 이하의 무장 요원이 동원되고 개인 화기 및 테러용 폭약 등이 주로 사용

인간은 왜 싸울까요?

흔히 인류의 역사를 '분쟁의 역사' 혹은 '전쟁의 역사'라 말합니다. 인류가 역사를 만든 이래 크고 작은 분쟁은 끊임없이 발생해 왔기 때문입니다. 우리가 역사를 배울 때도 전쟁의 역사는 빠지지 않습니다. 수나라의 고구려 침공, 병자호란, 임진왜란, 6.25 전쟁 등을 예로 들 수 있습니다. 만약 우리가 중국인이라면 고대 중국에서부터 발생한 수많은 전쟁의 역사를 배웠을 것이고, 우리가 유럽인이라면 고대 그리스의 트로이 전쟁부터 십자군 전쟁 및 침략 세력에 대항한 여러 시대별 전쟁 등을 배웠을 것입니다. 이외에도 전쟁의 역사는 그 예를 다 들 수 없을 만큼 많습니다. 아시아, 유럽, 아프리카, 아메리카 대륙 어디서든 전쟁이 일어나지 않은 지역은 없었고, 고대부터 지금까지 분쟁이 없었던 시기를 찾는 게 더 힘들 정도입니다.

우리가 역사를 배우는 이유는 과거의 잘못을 되새기며 현재 상황을 이해하고 앞으로 똑같은 실수를 저지르지 않기 위해서입니다. 약 6천만 명~8천 오백만 명의 사망자를 낸 제2차 세계대전 이후, 인류는 세계 전쟁의 위험성을 뼈아프게 깨달았고 다시는 이런 일이 발생하지 않기를 바랐습니다. 다행히 2차 대전 같은 전쟁은 오늘날까지 발생하지 않고 있지만 세계 곳곳에선 여전히 분쟁 지역이 존재합니다.

국제 분쟁이 발생하는 이유는 무엇일까요? 각 분쟁엔 그것이 발생한 시대적 맥락, 분쟁 지역 간의 접근성이나 역사성, 사회적 이해관계, 인종 차별, 민족 갈등, 종교 갈등, 문화 충돌 등이 복합적으로 얽혀 있습니다. 그래서 특정한 분쟁을 이해하려면 다각적인 관점에서 살펴봐야 합니다. 하지만 모든 분쟁엔 공통점이 하나 있습니다. 각 분쟁이 어떠한 명분을 내세우든 결국 그건 '인간끼리의 싸움'이라는 것입니다. 그렇다면, 오랜 기간동안 다양한 유형으로 인간은 왜 이렇게 싸우는 걸까요?

그 이유를 찾기 위해 우리는 약 1만 년 전, 인류의 역사부터 살펴볼 필요가 있습니다. 당시 인류는 동북아시아를 중심으로 벼농사를 짓고 가축을 키우기 시작했습니다. 이는 이전의 수렵 채집 생활과는 달리 잉여 생산물을 가질 수 있는 계기가 되었습니다. 잉여 생산물, 즉 사유 재산이 생긴 사람들은 다른 집단으로부터 이 재산을 안전하게 지킬 방도를 생각하게 됩니다. 그 방도 중 하나가 강한 우두머리를 만드는 것이었죠. 우두머리에게 일정한 세금을 주는 대신 자신을 보호해달라고 요청한 것입니다. 우두머리가 있는 집단은 점차 덩치를 키우게 되었고, 그 집단은 결국 국가의 형태로 발전하였습니다. 하지만 국가의 지배계급은 사람들의 사유 재산을 지키기보다는 피지배자의 잉여 생산물을 빼앗아 그들의 권력과 부를 채우는 데 더 열중했습니다. 좀 더 나은 삶을 바랐던 사람들은 열심히 일해도 여전히 가난을 벗어나지 못했습니다. 이를 두고 유발 하라리는 그의 저서 『사피엔스』에서 '역사란

다른 모든 사람이 땅을 갈고 물을 운반하는 동안 극소수의 사람이 해온 무엇이다.'[1] 라고 표현하기도 했습니다.

이처럼 누군가가 다른 이들에게서 무언가를 빼앗는 행위가 국가 단위로 확대된 경우 '영토 정복', '식민지 수탈', '다른 인종이나 민족의 노예화' 등으로 나타납니다. 그러니까 국제 분쟁을 유발하는 이유 중에는 '물적, 인적 자원의 탈취'가 있습니다.

허버트 스펜서(Herbert Spencer)

한편, 영국의 사회학자 허버트 스펜서Herbert Spencer는 분쟁의 역사를 '적자생존의 법칙'으로 설명하기도 합니다. 적자생존은 원래 어떤 종의 진보나 퇴보를 설명하는 생물학적 견해 중 하나입니다. 적자는 환경에 잘 적응하는 생물을, 생존은 살아남는 것을 뜻합니다. 때문에 적자생존의 정확한 의미는 '강한 생물이 살아남는다'가 아니라 '환경에 적응을 잘하는 생물이 살아남는다.' 입니다. 자연에서의 생존은 강함과 약함에 따라 결정되는 것이 아니라 그 환경에 얼마나 적응을 잘하느냐에 따라 결정된다는 것이죠. 그래서 찰스 다윈은 자연에서 살아남아 진화하는 생명체에 대해 '자연 선택'이라는 표현을 썼습니다. 하지

1 유발 하라리, 『사피엔스』, p.153

만 스펜서는 진화를 적자생존으로 표현했고, 그의 저서 『Social Statics(사회정학, 1851년, 국내 미출간)』에서 사회 진화론을 주장합니다. 사회 진화론은 적자생존을 바탕으로 '약자(약한 사회)는 줄어들고 그들의 문화는 영향력을 상실하는 데 반해, 강자(강한 사회)는 강력해지고 약자에 대한 문화적 영향력은 커지게 된다.'는 이론입니다. 이 이론을 가장 잘 활용한 이들이 유럽 제국주의자들입니다. 18세기 영국, 스페인, 프랑스 등의 국가들은 다른 대륙의 국가들을 침략해 식민지로 삼았을 때, 그들은 자신들의 우수성을 내세웠습니다. 우수한 민족이 그렇지 않은 민족을 지배하는 것은 당연하다는 것입니다. 이에 대해 진화생물학자인 재레드 다이아몬드는 그의 저서 『총, 균, 쇠』에서 유럽인들이 스스로 주장하는 우수성은 '역사의 유럽 중심주의적 접근법, 서유럽인에 대한 미화, 그리고 현대 세계에서의 서유럽 및 유럽화된 아메리카의 우수성에 대한 망상'에 불과한 것이라 비판했습니다.[2]

『총, 균, 쇠』에서 총은 무기, 균은 세균, 쇠는 산업화된 문명입니다. 유럽은 다른 지역에 비해 더 빨리 산업화를 이루었고, 성능 좋은 무기를 만들었습니다. 이러한 것들을 들고 남미 대륙을 침략했을 때, 그들은 그들이 의도하지 않았던 무기가 하나 더 있다는 것을 깨달았습니다. 그건 세균이었습니다. 유럽인들은 오랜 세월 농경문화를 영위하며 가축을 키워왔는데, 그 가축에서 옮겨진 세균

2 재레드 다이아몬드, 『총, 균, 쇠』, p.23

과 함께 하는 사이에 면역력이 생겼습니다. 반면, 가축 문화가 없었던 남미 대륙의 원주민들에게 세균은 치명적이었습니다.

> 유럽인들이 가져온 각종 질병은 남북아메리카 전역에서 유럽인 사이에서보다 훨씬 더 빠르게 각 부족으로 퍼져 나갔다. 그렇게 죽어간 아메리카 원주민의 수는 콜럼버스 이전 인구의 95% 수준으로 추정된다. **- 재레드 다이아몬드, 『총, 균, 쇠』 중에서**

재레드 다이아몬드는 그의 저서에서 '민족마다 역사가 다르게 진행된 것은 각 민족의 생물학적 차이 때문이 아니라 환경적 차이' 때문임을 밝히고자 했습니다. 여기서 환경은 지리적, 생태적 환경을 의미합니다. 그러니까 유럽 제국주의자들이 생각하듯 그들이 다른 민족이나 부족보다 우월한 유전자를 타고난 것이 아님을 이 책을 통해 증명했습니다.

세상엔 수많은 민족이 존재합니다. 그런데 어떠한 민족은 우월하고 어떠한 민족은 그렇지 못하다는 논리는 다른 민족에 대한 탄압을 정당화시키는 '구분 짓기'에 불과합니다. 구분 짓기는 '우수한 유전자'와 '열등한 유전자', '우수한 문화'와 '열등한 문화' 같은 이분법을 만들어냅니다. 또한 때로는 소수에 대한 다수의 폭력으로 나타나기도 합니다.

인도의 문화 인류학자 아르준 아파두라이Arjun Appadurai는 인간이 폭력을 행사하는 건 '소수에 대한 두려움' 때문이라 했습니다. 인간은 다수 집단과 소수 집단을 구분 짓고 소수 집단을 배타적으로 밀어냅니다. 심지어 폭력 및 살인까지도 거침없이 저지릅니다. 이는 소수를 불완전하고 불확실한 존재로 여기기 때문입니다.

> 불완전성에 대한 두려움과 큰 규모의 종족적, 인종적 범주에 대한 불확실성이 서로를 자극하고 그 결과 더 이상 통제가 불가능할 경우 집단 학살이 발생하는 것이다. **– 아르준 아파두라이, 『소수에 대한 두려움』 중에서**

아르준의 이 견해는 생각해볼 여지가 많습니다. 대부분 사회에서 종종 이 같은 폭력이 발생하기 때문이죠. 이를테면 이주 민족, 동성애자, 장애인 등 그 사회의 소수자들에 대한 폭력은 마치 일상처럼 일어나고 있습니다. 국가, 기업, 학교 등의 집단 폭력이나 개인이 다른 사람에게 행사하는 폭력 등 그 바탕에 깔린 이데올로기는 크게 다르지 않습니다. 그 모든 폭력은 결국 사람이 사람을 괴롭히는 것이기 때문입니다.

그렇다면 인간 사회는 정말 적자생존의 법칙에 따라서만 움직이며, 구분 짓기로 우리가 아닌 것을 적대시하기만 할까요? 러시아의 혁명가 표트르 알렉세예비치 크로포트킨Pyotr Alekseyevich Kropotkin은 인간의 역사는 적자생존의 법칙만으로 설명할 수 없으며, 상호 부조의 역할이 상당히 컸다고 주장합니다. 상호 부조는 다수의 개인 또는 집단이 공동의 목표를 달성하기 위해 함께 행동하거나 서

표트르 알렉세예비치 크로포트킨

로 돕는 것을 뜻합니다.

만약 그렇지 않았다면, 오늘날 인류가 이 지구의 주인이 될 수도 지금과 같은 평화를 구축할 수도 없었을 것입니다. 인간이 서로 싸우기만 하는 존재라면 지금과 같은 평화를 구축할 수도 없었을 겁니다. 물론 여전히 분쟁 지역은 존재하지만 그렇지 않은 지역이 훨씬 많습니다. 크로포트킨도 적자생존을 전면 부정하는 것은 아닙니다. 인정은 하되 대중의 자발적 협동에 의한 상호 부조를 더 강조하였고 이 역시 인간 사회의 근간이 되고 있다는 것을 말하고 있는 것입니다. 이처럼 인류는 협력, 평화로운 경쟁, 폭력 분쟁 중 유리한 상황과 성공 가능성에 따라 소수가 희생하더라도 얻는 이득이 더 많거나 승산이 높다고 판단되면 공존 혹은 전쟁의 방법을 선택하여 오늘날까지 꾸준히 생존과 번식을 지속해왔습니다.

국제 분쟁의 여러 가지 유형

"시리아는 지금 내전 중인 나라로 알고 있는데 국제 분쟁 지역

에 포함되어 있어요. 내전도 국제 분쟁인가요?" 한 학생이 이렇게 질문했습니다. 국제 분쟁을 국가 간의 전쟁으로만 이해했기 때문입니다. 국제 분쟁은 국제 사회에서 정치, 종교, 경제, 영토, 문화 등의 충돌로 발생하는 모든 분쟁을 말합니다. 다시 말해, 국가 간의 전쟁뿐 아니라 국가 간의 갈등 상황, 군사 대립, 한 국가의 내전, 소수 민족이나 종교에 대한 탄압 등 국가가 개입된 모든 분쟁을 아우르는 말입니다.

국제 분쟁은 흔히 내분형, 국제형, 혼합형으로 구분합니다. 내분형은 국내 정치적 갈등으로 내전 중인 경우이고, 국제형은 두 나라 이상의 국가가 군사 대립 상태에 있거나 전쟁 중인 상황을 말하며 혼합형은 내분형과 국제형이 섞여 있는 것입니다. 시리아가 바로 이런 예 중 하나입니다. 내전으로 시작된 시리아전은 영국, 미국, 러시아 등 세계 강대국들이 뛰어들어 국제전의 양상을 띠게 되었습니다.

국제 분쟁은 또한 분쟁의 원인에 따라서 영토, 자원, 민족, 종교의 네 가지 유형으로 나눌 수 있습니다. 영토 분쟁은 영토, 자원 분쟁은 자원을 두고 국가들이 싸우면서 생기는 분쟁입니다. 그런데 이 두 분쟁은 쌍둥이처럼 붙어 다니는 경우가 많습니다. 예를 들어, 중국과 일본의 '센카쿠 열도(댜오위다오)' 영토 분쟁은 영토를 차지하여 가질 수 있는 자원 분쟁의 성격도 띠고 있습니다. 민족 분쟁은 민족 간의 갈등으로 인해 생기는 분쟁으로 다른 분쟁에 비해 좀 더 다양한 양상을 보입니다. 한 국가 내에서 비슷한 힘을 가진 서로 다른 민족이 대립 관계에 있는가 하면, 다수 민족이 일방적으로 소수 민족을 탄압하기도 합니다. 국가 차원의 민족 분쟁은 종교 분쟁, 영토 분쟁의 성격을 띠기도 합니다. 대표적인 예로 유대인과 팔레스타인 민족간의 분쟁을 들 수 있습니다. 2천 년 동안 나라 없는 민족으로 떠돌았던 유대인은 팔레스타인 사람들이 사는 땅을 빼앗아 그 위에 자신들의 나라 이스라엘을 세웠습니다. 땅을 빼앗긴 팔레스타인 민족은 이에 대항해 지금도 이스라엘과 싸우는 중입니다. 이 두 나라는 영토 분쟁과 민족 분쟁이 얽혀 있는 셈입니다. 종교 분쟁은 서로 다른 종교가 원인이 된 경우를 말합니다. 다른 민족은 서로 다른 종교를 가진 경우가 많기 때문에 종교 갈등 역시 민족 갈등과 함께 발생하는 경우가 많습니다.

이렇듯 국제 분쟁은 대체로 두 개 이상의 원인이 복합적으로 작용합니다. 또한 분쟁의 원인을 현재 상황에서만 찾을 수도 없습니다. 과거의 역사가 오늘날 분쟁이라는 결과로 나타나기 때문입니다. 특히 유럽 식민지 시대에 영국, 프랑스, 스페인 등의 국가가 뿌려놓은 분쟁의 씨앗은 지금까지도 많은 국가를 혼란스럽게 하고 있습니다. 유대인을 애당초 주인이 있는 땅인 팔레스타인으로 이주시킨 건 영국이었습니다. 미얀마에 로힝야족을 이주시켜 미얀마인과 로힝야족을 싸우게 한 것도 영국이었습니다. 중남미 대륙의 수많은 나라가 아직도 정치적인 혼돈 속에서 내분을 겪고 있는 이유엔 식민지 시대 스페인이 펼친 수많은 차별 정책이 원인이 되는 경우가 많습니다.

이처럼 국제 분쟁은 역사적 배경, 현재의 이해관계, 다른 국가의 개입 등으로 얽히고설켜 있습니다. 이는 분쟁 지역이 평화를 찾기 위해선 꽤 어렵고 복잡한 문제를 뛰어넘어야 한다는 것을 뜻하기도 합니다.

국제법은 강제력이 없다고?

분쟁은 '국내법상 또는 국제법상 주체 간의 다툼'이라고 말할 수 있습니다. 법은 질서를 유지하고 정의를 실현하기 위해 만든 것입니다. 모든 국가에는 그 국가만의 고유한 국내법이 있고, 국제사회에도 마찬가지로 국제법이 있습니다. 국제법은 '국제 사회의 관계를 규율하는 법'으로 국가 간의 갈등을 합리적으로 조정하는 장치입니다.

규칙, 질서, 정의 실현 등은 국내법과 국제법을 포함한 모든 법이 존재하는 공통적인 이유입니다. 다만 국내법과 국제법은 그 대상이 다릅니다. 국내법의 대상은 인간이지만 국제법의 대상은 국가입니다. 만약 한 사회의 구성원인 개인이 법을 어겼다면 그는 경찰에 붙잡히거나 재판을 받게 될 것입니다. 재판의 판결문에 따라 감옥으로 보내질 수도 있습니다. 그런데 국가가 법을 어기면 어떻게 될까요?

형체가 없는 국가를 재판에 나오게 하고 어떻게 감옥에도 보낼 수 있을까요? 그래서 국제법을 어겼을 경우에는 그 국가를 대표하는 인물이 국제사법재판소(ICJ, International Court of Justice)에서 재판을 받게 됩니다. 하지만 강제적 성격을 띠지는 않기에 법을 어긴 국가의 대표가 재판소에 나가지 않으면 그만입니다. 만약 A 국가가 B 국가를 제소하더라도, B 국가가 무시하면 재판은 이루어지지 않습니다. 이러한 경우 국제사법재판소는 법을 어긴 국가에 대해 교통이나 통신을 단절하거나 수출입을 금지하는 등의 경제적 제재를 가하도록 다른 국가에 요청할 수 있습니다. 문제는 이러한 제재가 그렇게 큰 위력을 발휘하지 못한다는 것입니다.

사실상 UN은 국제 사회의 폭력을 막아낼 강력한 힘을 가지고 있지 않습니다. 한 예로, 1980년 9월 22일 이라크의 이란 침공을 들 수 있습니다. 8년에 걸쳐 쉬지 않고 이란과 이라크 사이에 이어진 전쟁으로 당시 UN은 이를 반대하려는 성명을 내려 했지만, 미국의 반대로 불발되었습니다.

UN은 왜 미국의 뜻대로 해준 것일까요? 특정 국가가 다른 국가를 침공하는 것은 국제법의 '무력 사용 금지 원칙'을 위반하는 일입니다. 당연히 UN은 이라크에 제재를 가해야 했습니다. UN은 세계 평화를 위해 다수 국가의 합의로 창설된 국제기구지만, 실제로는 몇몇 강대국의 뜻대로 움직이는 경우가 많습니다.

그렇다면, 미국은 왜 UN의 이라크 제재를 막았던 것일까요?

당시 미국이 이라크에 최신식 무기를 팔고 있었기 때문입니다. 또 이란의 이슬람 혁명이 주변 국가로 뻗어 나가는 것을 막으려는 정치적 이유도 있었습니다. 미국은 자국의 경제적 정치적 이유로 이라크의 이란 침공을 내버려 두었던 것입니다. 결국 국제 사회의 묵인 아래 이라크와 이란은 1980년부터 1988년까지 전쟁을 했고, 이 전쟁으로 100만 명 이상이 목숨을 잃거나 실종되었으며 부상자 또한 최소 100만에서 최대 200만 명에 이릅니다.

우리는 살인, 도둑질, 사기 등을 죄라고 여깁니다. 또 죄를 지은 사람은 당연히 그에 상응하는 처벌을 받아야 한다고 믿습니다. 하지만 국제 사회에선 우리가 옳다고 생각하는 가치가 지켜지지 않을 때가 있습니다. 국가는 개인과 달리 국가의 이익 위주로 움직이며, 이익에 반한다고 판단되는 경우엔 다른 국가를 공격할 수 있습니다. 강대국이 그들의 군사력이나 경제력으로 다른 약소국에 압력을 가하더라도 그것을 중재할 만큼 강력한 세력도 존재하지 않습니다. UN을 주도하는 세력 자체가 미국이나 중국 등의 강대국이기 때문입니다. 이처럼 국제법은 강제성에 대한 논란의 여지가 많으며 때때로 실효성이 상실되기도 합니다. 하지만 위반사항에 대하여 전혀 제재가 없는 것은 아니기에 그 나름대로의 의미를 가진다고 봐야 할 것입니다.

국제연합기구

국제연합기구(UN, United Nations)는 1945년 10월 24일 창설되었습니다. UN 이전에 국제연맹(LN, League of Nations)이라는 국제 기관이 있었는데 이 기관은 제1차 세계대전 중인 1919년에 미국과 영국의 영향력 있는 단체들의 주도하에 만들어졌습니다. 제1차 세계대전으로 세계 곳곳이 전쟁터가 되어버리자 국제 사회 차원에서 평화 조약을 맺고자 했던 것이죠. 실제로 LN 규약엔 안보, 분쟁의 중재, 무기 감축 등이 포함되어 있었습니다. 그런데 모든 국가가 LN 규약을 지키는 건 아닙니다. 2차 세계대전의 주범인 독일, 이탈리아, 일본은 아주 쉽게 규약을 무시했지만, LN은 이들 국가를 제재할 힘이 없었습니다. 심지어 제안자인 미국은 상원이 동의해주지 않아 LN에 참여조차 하지 않았습니다.

결국, 1945년 LN은 해체되고 그 뒤를 이어 UN이 창설됩니다. UN의 목적, 구조, 방식 등은 LN의 틀과 크게 다르지 않습니다. 세계 평화와 안전 유지 및 국가 상호 간의 우호 관계를 긴밀히 하기 등의 목적 자체가 국제기구를 만드는 이유이기 때문입니다.

UN은 국제 평화와 안전을 위협하는 국가엔 다양한 제재를 가할 수 있는 법안을 마련했습니다. 또, 국가 간의 분쟁을 법으로 해결하거나 경제, 사회, 문화, 인도적 문제 등 다양한 분야에서 협력하는 방안을 조약으로 만들었습니다. 그렇다고 세계 모든 국가가 UN의 법안이나 조약을 지키는 것은 아닙니다. 이런 경우 UN은 경제 제재를 통해 분쟁의 원인이 되는 국가에 압박을 가하지만, 더 나아가 분쟁 지역에 UN 평화 유지군을 파견하기도 합니다. UN 평화 유지군은 안전보장이사회의 승인을 받아야 결성할 수 있습니다. UN은 상시적인 군사력을 보유하고 있지 않기 때문에 UN 평화 유지군은 각 국가에서 자발적으로 파병한 병사들로 이루어집니다. UN 평화 유지군의 목적은 분쟁 지역이 더 큰 전쟁으로 확대되지 못하도록 하여 평화를 되찾는 것에 있습니다.

UN의 주요 활동은 크게 평화 유지 활동, 군비 축소 활동, 국제 협력 활동으로 나눌 수 있으며, 2001년 세계 평화에 기여한 공로가 인정되어 전 국제연합 사무총장 코피 아난과 공동으로 노벨평화상을 받았습니다. 또한 2007년 1월 한국인 최초로 반기문 국제연합 사무총장이 취임했습니다.

현재 UN의 주요 기관으로는 크게 주요기구와 보조기구, 전문기구로 구성되어 있습니다. 주요기구에는 총회, 안전보장이사회, 경제사회이사회, 신탁통치이사회, 국제사법재판소, 사무국이 있습니다. 보조기구는 총회 및 이사회 산하에 설치된 기구이고, 전문기구는 국제연합 산하기관은 아니지만 경제사회이사회와의 협정을 통해 각 전문분야에서 정부간 협력을 증진할 목적으로 설립된 기구를 포함하고 있습니다.

유엔기(1947년 10월 20일 제정됨)

국제사법재판소

현재 UN 회원국으로 가입된 국가는 2021년 1월 기준으로 193개입니다. UN 회원국에 가입되어 있지 않은 국가까지 포함하면 국제표준화기구 기준으로 전 세계엔 약 249개국이 있습니다. 이처럼 많은 국가의 평화를 유지하려면 당연히 질서와 규칙이 필요한데, 이를 위해 여러 국가가 합의해 만든 것이 국제법입니다.

국가 간 분쟁을 법적으로 해결하도록 하는 국제 기관인 국제사법재판소는 네덜란드 헤이그에 있습니다. 하지만 필요에 따라 다른 장소에서도 개정할 수 있습니다. 재판관은 15명으로 구성되어 있는데 이들의 국적은 모두 다릅니다. 특정 국가의 이익을 대변하는 일이 없도록 하기 위해서입니다. 재판은 다수결로 진행되며, 일단 판결이 나면 상소할 수 없습니다. 3심까지 가능한 우리나라 국내법과 달리 국제사법재판소(ICJ, International Court of Justice)는 1심 재판이 곧 최종 판결이 됩니다.

국제사법재판소, 네덜란드 헤이그에 위치함.

꼭꼭 씹어 생각 정리하기

가 국제 사회의 관계를 규율하는 법으로 국제법이 존재하지만 크게 위력을 발휘하지 못하고 있습니다. 국제법의 제재 사항을 확고히 하는 방법을 모색해 봅시다.

나 국제 분쟁은 내분형, 국제형, 혼합형으로 구분되며 분쟁의 원인에 따라서 영토, 자원, 민족, 종교 분쟁 등으로 나뉩니다. 국제 분쟁의 여러 유형을 허버트 스펜서의 적자 생존의 법칙에 따라 설명해 봅시다.

다 국가별 비교 조사 결과를 보면 우리나라는 2020년 기준 세계 치안 순위 24위로 비교적 치안이 잘 유지되는 국가입니다. 그 이유가 무엇인지 생각해 봅시다.

팔레스타인 VS 이스라엘
이스라엘 건국 후 시오니즘에 따라
서안지구와 가자지구에 살고 있던
팔레스타인인을 내쫓으면서 발생한
분쟁으로 현재까지도 치열한
유혈지역이다.

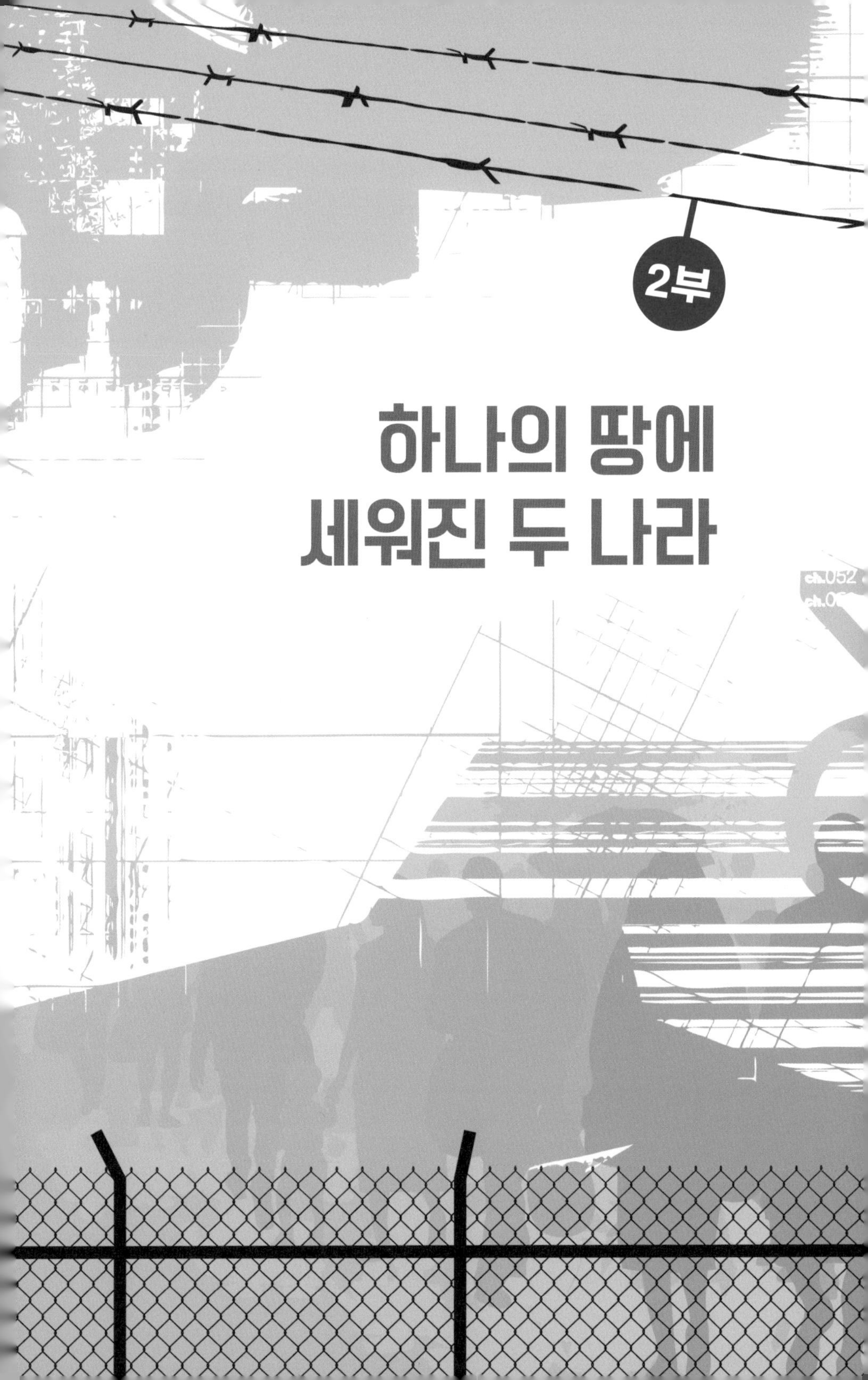

2부

하나의 땅에 세워진 두 나라

팔레스타인 지역을 두고 벌이는 싸움

팔레스타인 소년 파리스 오데Faris Odeh 앞에는 이스라엘군의 탱크가 있습니다. 겨우 15세였던 이 소년은 탱크를 피하는 대신 탱크에 돌을 던집니다. 열흘 후, 소년은 또 탱크에 돌을 던지다 이스라엘군이 쏜 총에 목숨을 잃고 말았습니다.

팔레스타인 소년과 이스라엘 군인, 이들은 서로 다른 민족입니다. 대부분의 사람은 나와 민족이 다르다는 이유로 사람을 죽이지 않습니다. 그것도 무장한 군인이 맨몸의 소년을 상대로 총을 쏘는 건 상상도 못 할 일입니다. 그런데 더 놀라운 건 파리스 오데가 이스라엘 군인의 총에 맞아 죽은 첫 번째 아이가 아니라는 것입니다. 그 이전에 이미 무수한 아이들이 이스라엘 군인의 공격에 목숨을 잃어야 했습니다. 어째서 이런 일이 일어난 것일까요? 파리스 오데가 이스라엘군의 탱크에 돌을 던진 이유는 무엇이었을까요? 또 무장한 이스라엘 군인은 어째서 팔레스타인 아이들에게 총을 쏘는 것일까요?

팔레스타인 사람들은 현재 이스라엘 공화국이 되어 버린 땅

가나안(Canaan)에서 2천 년 가까이 살았습니다. 그런데 1920년대부터 유대인이 가나안으로 이주하기 시작하더니 급기야 무력으로 팔레스타인 사람들을 내쫓아 버렸습니다. 당시 그곳엔 약 650만 명의 팔레스타인인이 있었는데, 그들 대부분이 이웃 나라로 흩어졌거나 가자 지구로 쫓겨났습니다. 팔레스타인인은 그들의 땅을 지키려 애썼지만, 영국을 비롯한 서방 국가의 지지를 받는 유대인을 상대로 이길 수 없었습니다.

지금도 팔레스타인인은 가나안을 되찾기 위해 투쟁을 펼치고 있습니다. 반면, 유대인은 가나안을 지키기 위해 팔레스타인의 저항을 무력으로 막고 있습니다. 이 과정에서 수많은 팔레스타인 사람들이 탄압되거나 살해당했습니다.

이스라엘군의 포격으로 파괴된 팔레스타인 가자지구

유대인, 나라 없이 2천 년을 떠돌다

기원전 5세기경, 유대인들은 가나안으로 이주해 그곳에 '고대 이스라엘'을 세웠습니다. 당시 유대인이 가나안에 나라를 세운 건 그곳을 '선택된 땅'이라 믿어서입니다. 구약 성경에 하나님이 유대인에게 젖과 꿀이 흐르는 땅을 주기로 약속했다는 말이 나오는데, 그 땅이 바로 가나안이었습니다. 가나안의 수도 예루살렘은 예수가 태어난 곳으로도 유명합니다. 가나안은 기독교, 유대교, 이슬람교의 성지이기도 합니다. 이 세 종교가 같은 지역을 성지로 삼은 이유는 종교의 뿌리가 같기 때문입니다. 다만 이슬람교에서는 예수를 신의 아들이라 여기는 삼위일체설을 부정하고 있습니다.

가나안은 지중해를 사이에 두고 유럽과 아시아를 연결하는 지정학적으로 매우 중요한 지역이기도 합니다. 그리하여 오래전부터 이 곳을 차지하려는 주변 국가들의 침략이 잦았고 기원후 70년에는 로마 제국의 식민지가 되었습니다. 당시 로마는 주변 국가들을 하나씩 정복해 복속시켰지만 근대 유럽의 제국주의자들처럼 다른 민족의 문화나 종교를 말살하거나 탄압하지는 않았습니다. 같은 제국주의자들인데 그 차이는 어디에 있을까요? 종교입니다. 로마는 여러 신을 믿는 다신교로 다른 민족의 신에 대해 관대했습니다. 반면 기독교는 유일신을 믿는 종교로서 그들이 믿는 하나님 외의 신은 전부 이단으로 취급했습니다. 이러한 이유 때문에 유럽 제국주의자들은 그들이 식민지로 삼은 나라의 종교를 박해하고 자신들의 종교만을 믿도록 강요했습니다. 이는 굉장히 중요한 문제입니다. 종교는 그 사회의 정치, 문화, 관습 등 모든 것과 연관되어 있기 때문입니다. 즉, 어떠한 민족이 그 민족 고유의 종교를 잃어버리면 단지 종교만을 잃게 되는 것이 아니라 종교를 바탕으로 이어져 온 문화, 관습, 철학 등을 잃는 것을 의미합니다.

로마는 이러한 면에서는 상당히 유연했습니다. 그래서 유대인의 종교를 인정하고 그들의 문화를 지킬 수 있게 내버려 두었던 것입니다. 하지만 유대인에게 로마인은 침략자이자 그들이 믿는 유일신인 하나님을 믿지 않는 이단자였습니다. 때문에 유대인은 로마 제국을 상대로 투쟁을 펼치고, 로마 제국은 유대인을 박해하는 것으로 대응했습니다. 이로 인해 유대인 대부분이 가나안을 떠나 버렸고 고대 이스라엘 국가는 그렇게 소멸했습니다.

가나안을 떠난 유대인들은 세계 곳곳으로 흩어지게 되는데, 이 중 상당수의 유대인이 유럽으로 가게 되었습니다. 하지만 이들은 유럽에서 환영받지 못하는 이방인이었습니다. 당시 천주교를 믿었던 유럽인은 유대인을 '예수를 죽인 민족'으로 낙인찍었습니다. 예수를 십자가에 못 박은 건 로마군이지만, 로마군이 그렇게 하도록 유대인들이 분위기를 만들었다는 것입니다. 이것이 진실이든 아니든 유럽인은 그렇게 믿고 있었고, 그 믿음은 유대인에 대한 적개심으로 표출되었습니다. 게다가 유대인 중엔 사람들에게 돈을 빌려주고 높은 이자를 받는 고리대금업자가 많았습니다. 당시 유럽은 종교적 이유로 고리대금업이 법으로 금지되어 있었습니다. 또 고리대금업자에 대한 인식도 좋지 않았습니다. 고리대금업자는 '생산적인 경제 활동을 하는 대신 금리나 챙기는 사회의 기생충과 같은 존재'라는 편견이 널리 퍼져 있었습니다.

유대인에 대한 핍박은 스페인, 프랑스, 독일의 여러 도시 등을 중심으로 줄기차게 이어졌습니다. 유대인에 대한 유럽인의 반감이 얼마나 컸냐 하면, 1437년 페스트가 유럽을 강타했을 때 그 이유를 유대인에게서 찾았을 정도입니다. 유대인이 물에 독을 타 사람들이 죽는 거라며 유대인의 집을 불태우거나 살해하는 일들이 벌어지곤 했습니다. 이후 유럽의 많은 국가에선 유대인을 추방하거나 아예 유대인 거주 지역을 따로 만들어 그곳에서만 살도록 하기도 했습니다. 20세기 초엔 반유대주의(Anti-Semitism)가 하나의 사상으로 자리 잡기도 했습니다.

반유대주의는 민족적, 종교적, 정치적, 경제적 이유로 유대인을 배척하는 사상입니다. 이 사상은 '민족적 우월주의'를 기반으로 합니다. 19세기 말 유럽엔 민족주의가 유행처럼 번졌습니다. '민족'은 기본적으로 '우리'라는 개념을 가집니다. 그런데 유럽 민족주의에서 '우리'는 그저 공동체로서의 의미가 아니라, '우리'와 '우리가 아닌 것'을 구분하는 배타적인 개념이었습

유대교 배지(다윗의 별로 '다윗 왕의 방패'라는 히브리어에서 유래됨. 유대인과 유대교를 상징하는 표식이다.)

니다. 또 '우리'는 우월하지만 '우리가 아닌 유대인'은 열등한 민족이라는 인식까지 강하게 자리 잡았습니다. 반유대주의는 유럽인이 유대인을 배척하거나 차별하는 것을 정당화하는 이론으로 자리매김하게 되었는데, 이를 가장 잘 활용한 게 독일이었습니다.

제2차 세계대전과 유대인 학살 사건

유럽 전반에 퍼진 반유대주의는 유대인에 대한 폭력을 정당화했습니다. 그러다 세계사에서 가장 큰 비극 중 하나인 유대인 학살 사건이 일어나고 말았습니다. 이를 주도한 사람은 독일의 아돌프 히틀러Adolf Hitler입니다. 히틀러는 1933년 독일에서 집권한 후, 유대인들이 세계 지배를 위해 음모를 꾸미고 있다는 주장을 내세우며, 1935년 9월 15일 뉘른베르크 전당대회에서 '뉘른베르크법(Nuremberg Laws)'을 제정했습니다. 뉘른베르크법은 독일 민족의 순수한 혈통을 지키기 위해 유대인과의 결혼은 물론 아이를 낳는 것을 금지하는 인종 차별법입니다. 이 법이 만들어진 후, 히틀러의 나치는 독일내 유태인의 독일 국적을 박탈하고 유대인의 정치적, 경제적 권리를 다 박탈해 버렸습니다. 심지어 유대인이 쓴 책들을 다 찾아내어 전부 파기해 버리는 일도 있었습니다.

뉘른베르크 전당대회(나치 독일의 가장 큰 행사로 1923년 뮌헨에서 제1차 전당대회가 열렸으며 1926년에는 바이마르에서 제2차 전당대회가 열렸다. 1927년부터 1938년까지 매년 뉘른베르크에서 전당대회가 열렸다.)

그리고 1939년에 제2차 세계대전이 발발했습니다. 제2차 세계대전은 1939년 9월 1일부터 1945년 9월 2일까지 진행되었는데, 인류 역사상 인명과 재산 피해가 가장 많았던 전쟁으로 기록되어 있습니다. 이 전쟁은 독일군의 폴란드 침공에서 시작되었습니다. 이에 영국과 프랑스가 독일에 선전 포고하며 전쟁에 뛰어들었고, 그 와중에 러시아는 폴란드의 동쪽 국경을 침공했습니다. 참고로 제2차 세계대전의 시작 지점에 대해선 1937년의 중일 전쟁이라고 보는 견해도 있고, 중일 전쟁 및 유럽과 식민지들의 전쟁이 합쳐진 1941년이었다는 견해도 있습니다.

어쨌든 제2차 세계대전은 세계 곳곳에서 여러 나라가 얽히고 설켜 싸우는 양상으로 나갔습니다. 유럽에선 독일과 러시아를 상대로 영국, 프랑스 등으로 이루어진 연합 국가들이, 아시아에선 침략국 일본을 상대로 중국이 싸웠습니다. 이 과정에서 독일은 폴란드, 벨기에, 프랑스, 네덜란드 등을 침공해 전쟁터로 만들어 버립니다. 네덜란드는 5일 만에 독일에 점령되었고, 프랑스나 벨기에도 붕괴하고 말았습니다.

전쟁의 승기를 잡은 히틀러는 독일의 유대인을 동유럽으로 이동시키는 정책을 펼치고 거의 모든 유대인을 강제 수용소에 넣어 버렸습니다. 그리고 유대인을 총살하는 것으로 모자라 가스실을 만들어 대량 학살했습니다. 최초의 가스 대량 학살은 1942년 3월 벨제크 수용소에서 시작되었습니다. 이후로 아우슈비츠 등의 수용소에서 580만 명이나 되는 유대인들이 죽음을 당했습니다. 이 과정에서 많은 유대인이 생체 실험을 당하는 비극도 겪었습니다. 하지만 유대인은 그 어떤 국가의 도움도 받지 못했습니다. 탄압을 피해 프랑스나 벨기에로 떠난 유대인들도 결국 유럽을 점령한 독일군에게 붙잡혀 수용소로 보내지곤 했습니다.

나치의 반유대주의야말로 유대인을 완전히 비인격화하고 서서히 비인간화하는데 가장 성공적이었습니다. 끊임없는 선전 책동으로 보통의 독일인 눈에 유대인은 사회적 부랑자, 전적인 국외자로 보이게 만들었던 것입니다. 제2차 세계대전 이전에 수백만의 독일인들은 조직적으로 유대인은 비겁한 겁쟁이고 성적 타락자이며

아우슈비츠 수용소(나치 독일이 유대인을 학살하기 위해 만들었던 강제 수용소로, 폴란드의 오시비엥침에 있는 옛 수용소이다. 위치는 폴란드 바르샤바에서 약 300킬로미터 떨어진 곳이며, 좀 더 가까운 크라쿠프에서는 서쪽으로 약 70킬로미터 떨어져 있다.)

홀로코스트 메모리얼 유대인 학살 추모 공원

더러운 착취자, 궁극적으로는 해로운 유인원이라고 교육 받았습니다. 이러한 종류의 왜곡된 인간상은 유럽에서 인종적 가치를 재평가하는 하나의 기준으로 퍼져 나갔습니다.

이 잔혹한 역사는 영화나 드라마의 주제로 자주 등장합니다. 현대 역사에서 이처럼 많은 사람이 동시에 죽은 사건은 어디에서도 볼 수 없는 일이기 때문입니다. 유대인 학살은 독일의 나치가 주도했지만, 당시 유럽 국가 또한 이 비극적인 사건에서 벗어날 수 없습니다. 그들 또한 방관의 책임이 있기 때문입니다.

제2차 세계대전과 식민지 시대의 종식

제2차 세계대전 당시, 독일과의 싸움에서 패배한 유럽의 많은 국가는 그들이 식민지로 삼았던 국가에 대한 지배권을 잃게 되었습니다. 일본은 이 틈을 놓치지 않고 미얀마, 필리핀, 말레이시아를 점령하고 유럽의 연합 국가를 상대로 전쟁을 펼쳤습니다. 하지만 1945년 5월 미국, 유럽 연합군은 독일과 이탈리아의 항복을 받아냈고 이로써 2차 세계대전은 종식 국면으로 들어섰습니다. 그리고 연합군은 일본의 무조건 항복을 요구하는 '포츠담(Potsdam) 선언'을 발표했으나 일본은 패색이 짙음에도 불구하고 포츠담 선언

히로시마(좌), 나가사키(우) 원폭 투하로 형성된 버섯 구름

을 묵살했습니다. 더 나아가 '전 국민이 열강에 항복하는 대신 옥처럼 아름답게 부숴지자'는 뜻의 〈1억 총옥쇄 작전〉까지 펼칩니다. 1억은 일본인 7천만 명 뿐 아니라 조선, 대만인 3천만 명을 포함하는 숫자입니다. 당시 조선과 대만은 일본의 식민지였기에 일본 정부는 조선인과 대만인까지 1억 안에 포함했던 것이었습니다.

이에 미국은 일본의 본토까지 밀고 들어갈 계획을 변경하고, 1942년 8월 13일에 '맨해튼 계획'이라는 이름으로 개발한 원자 폭탄을 일본의 히로시마에 투하해버렸습니다. 당시 집계로 9만 명에서 16만 6천 명의 사망자가 발생했을 정도로 원자 폭탄의 위력은 엄청났습니다. 그런데도 일본이 항복하지 않자 미국은 3일 후 또 나가사키에 원자 폭탄을 투하했습니다. 이로 인해 6만 명에서 8만 명이 추가로 목숨을 잃었습니다. 두 도시를 통틀어 방사능 후유증 사망자는 70만 명에 달합니다. 일본에 원자 폭탄을 투하했던 미군의 작전명은 〈몰락(downfall)〉이었습니다. 이 작전은 히로시마와 나가사키의 원자 폭탄 투하와 일본의 항복, 만주 전략공세작전으로 인한 소련의 침공으로 중단되었고, 일본은 1945년 8월 15일 항복 문서에 서명하였습니다. 따라서 항복을 선언한 일본과 작전을 중단한 연합군은 최악의 상황을 면하게 되었고 그 날, 한국은 일본으로부터 해방되었습니다.

팔레스타인인, 땅을 빼앗기다

제2차 세계대전 발생 전, 세계는 제1차 세계대전으로 한 번 홍역을 치렀습니다. 제1차 세계대전은 영국과 프랑스, 독일의 갈등에서 시작되었습니다. 1800년대부터 이 국가들은 아프리카 대륙을 차지하고자 호시탐탐 기회만 엿보았습니다. 아프리카 대륙의 많은 나라를 식민지로 삼아 그곳의 노동력과 자원을 빼앗기 위해서였습니다. 이 국가들은 식민지에서 데려온 사람들을 노예로 삼고, 빼앗은 자원을 자신들의 부를 축적하는 데 이용했습니다. 특히 프랑스는 알제리, 튀니지, 마다가스카르섬까지 점령하고서도 더 많은 땅을 차지하고자 아프리카 횡단 정책까지 시행했습니다. 당시 이집트를 보호국으로 둔 영국 역시 아프리카의 다른 나라들을 넘보는 중이었습니다. 아프리카 대륙을 두고 프랑스와 영국은 이렇게 서로 대립하게 되었습니다. 그런데 독일까지 이 갈등 상황에 뛰어들었습니다. 결국 제1차 세계대전은 다른 대륙의 많은 나라를 식민지화하려는 유럽 강대국들 사이의 갈등에서 시작되었다고 볼 수 있습니다.

제1차 세계대전은 1914년 7월에 발발해 1918년 11월에 종결되었습니다. 이 시기, 팔레스타인은 영국의 점령하에 들어갔습니다. 영국 점령 전의 팔레스타인은 오스만 튀르크(지금의 터키)가 지배하고 있었습니다. 오스만 튀르크는 13세기부터 동로마 제국에서 북아프리카까지 지중해 일대의 반 이상을 점령해 왔지만 18세기 이후 계속된 쇠퇴를 거듭해 점령지에 대한 그들의 세력은 약해져 있었습니다. 그러자 영국은 팔레스타인인에게 이런 제안을 합니다.

"너희가 우리를 도와주면, 우리도 너희를 도와 독립 국가로 만들어 줄게." 그런 한편, 영국의 팔레스타인 위임정부는 유대인에게 전혀 다른 제안을 합니다. "2천 년 전 너희가 살았던 가나안에 나라를 세울 수 있게 해줄게."

1920년 영국은 팔레스타인에 유대인을 이주시키기 시작합니다. 유럽의 여러 국가도 유대인의 팔레스타인 이주를 적극적으로 도왔습니다. 유대인을 위해서가 아니라 유럽에서 유대인을 치우고자 하는 속셈 때문이었습니다. 영국을 비롯한 여러 유럽 국가는 가나안에 팔레스타인인이 살고 있다는 것을 애써 무시해버렸습니다

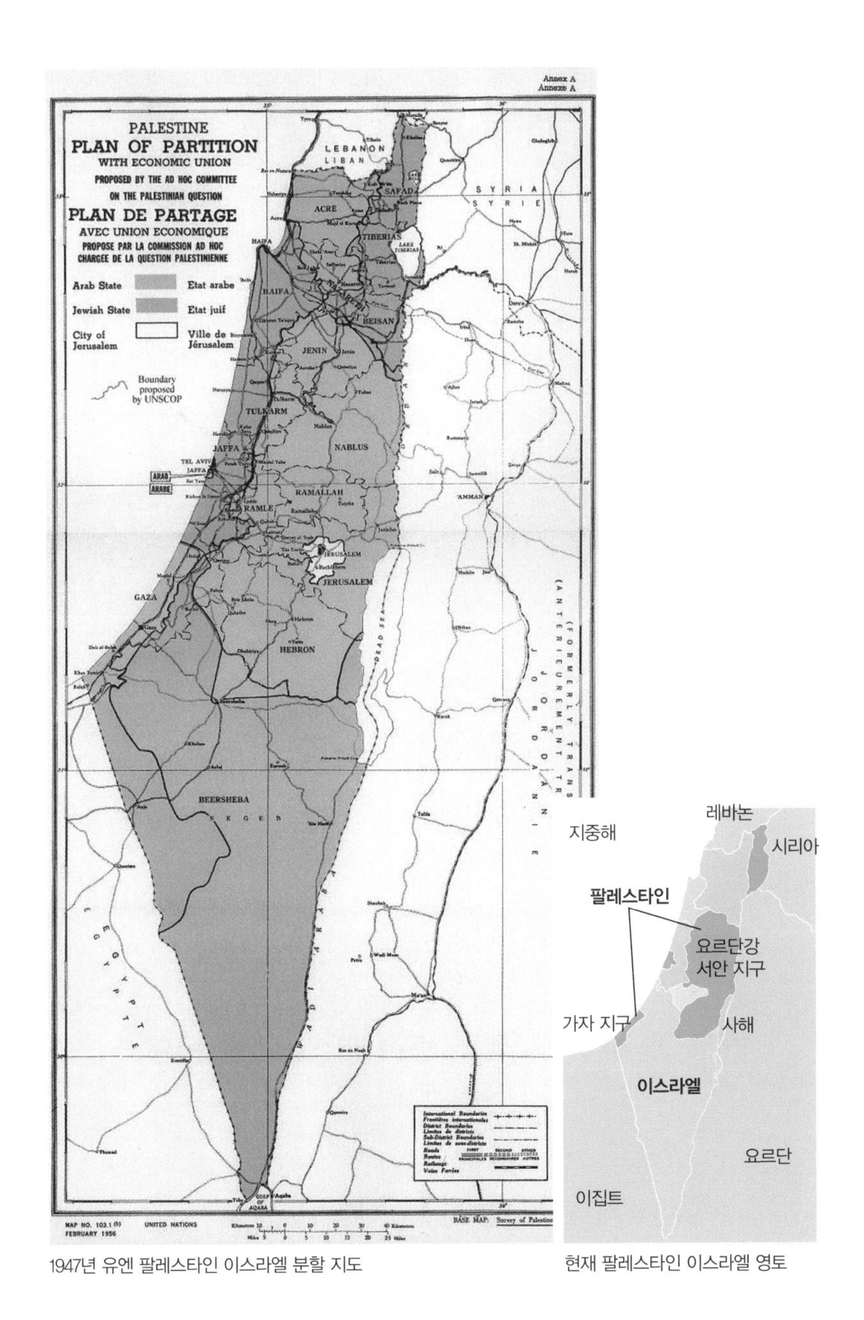

1947년 유엔 팔레스타인 이스라엘 분할 지도

현재 팔레스타인 이스라엘 영토

다. 유대인의 이주가 팔레스타인인의 생존권을 위협하고 많은 중동 국가의 반발로 인한 분쟁이 생길 것을 예상할 수 있었지만, 영국을 비롯한 유럽 국가는 그들의 이익만 따졌습니다.

예상대로 팔레스타인 지역은 중동의 화약고가 되었습니다. 1947년 11월에는 UN이 개입해 가나안에 유대인과 팔레스타인인이 각각의 나라를 만드는 결의안을 채택했지만 이 결의안은 유대인에게 유리했습니다. 당시 유대인은 팔레스타인인의 6%에 불과한 땅을 소유하고 있었지만, 결의안에 따라 분할을 하게 되면 56%를 차지할 수 있었습니다. 유대인은 UN의 제안을 수용해 1948년 5월 이스라엘 건국을 선포하고 다음 날 바로 약 70만 명의 팔레스타인인을 가나안에서 추방해 버렸습니다. 이로 인해 유대인들은 2천 년이나 나라 없이 떠도는 민족의 설움을 끝내게 되었습니다. 하지만 유대인의 건국은 팔레스타인인에겐 그들의 터전을 속수무책으로 빼앗긴 '나크바(대재앙)의 날'이 되어 버렸습니다.

계속되는 중동 전쟁과 헤즈볼라의 탄생

1948년에 이루어진 이스라엘의 건국 선포는 중동 지역의 갈등을 증폭시켰습니다. 이집트, 요르단, 시리아, 레바논, 이라크는 애

당초 UN의 가나안 분할 결의안에 반대해왔습니다. 2차 세계대전이 끝난 후 영국이 손을 뗀 가나안은 그야말로 무주공산(주인이 없는 빈산이라는 뜻으로 아직 개척되지 않은 분야나 시장을 비유하는 말임)이었기에 주변 아랍 국가는 이곳에 이슬람 국가를 세우고자 했습니다. 그런데 유대교를 믿는 유대인들이 유럽의 비호를 받으며 들어선 것이었습니다. 게다가 유대인의 시온주의는 아랍인들에게도 큰 반발을 불러일으켰습니다. 이러한 이유로 아랍 국가는 연합군을 결성해 팔레스타인을 공격했습니다. 당시 아랍 연합군의 인구는 약 1억 4천만 명이었고 반면, 이스라엘 인구는 약 65만에 불과한 데다 무기도 부족했습니다. 그래서 유럽을 비롯한 대부분의 나라에선 아랍 연합군이 승리할 것으로 예측했습니다. 그것도 꽤 빨리 전쟁을 끝낼 수 있으리라 생각했습니다. 하지만 10개월이나 지속된 전쟁의 승리국은 결국 이스라엘이었습니다. 이스라엘은 팔레스타인 영토의 80%를 차지했고, 팔레스타인인 약 100만 명은 삶의 터전에서 쫓겨났습니다. 전쟁은 여기서 끝나지 않았습니다. 1956년엔 2차 중동 전쟁인 수에즈 전쟁, 1967년엔 3차 중동 전쟁인 6일 전쟁, 1973년엔 4차 중동 전쟁인 욤 키푸르 전쟁이 일어났습니다. 4차 전쟁은 1, 2, 3차 전쟁과 달리 이스라엘에 상당한 위협을 주었습니다. 이스라엘은 4차 전쟁에서도 이집트 연합군을 물리쳤는데 그 과정에서 상당한 피해를 입었습니다.

1979년 3월, 이집트와 이스라엘은 미국의 중재 아래에서 '캠프 데이비드 협정'으로 불리는 평화 조약을 맺습니다. 이 협상으로 이

팔레스타인 해방 기구(PLO) 엠블럼

스라엘은 주변 아랍 국가로부터 하나의 국가로 인정받았고, 이집트는 이스라엘에 빼앗겼던 시나이반도를 돌려받았습니다. 또 가자 지구와 웨스트뱅크로 쫓겨난 팔레스타인인의 자치권 보장 조약도 있었는데, 이스라엘은 이 약속을 지키지 않았습니다. 심지어 1982년 6월 5일엔 팔레스타인 해방 기구(PLO, Palestine Liberation Organization)가 있는 레바논까지 공격했습니다.

PLO는 1964년 팔레스타인이 독립 국가를 세우고자 결성한 정치 조직입니다. PLO엔 이스라엘과의 협상을 주장하는 온건파가 있는 한편, 이스라엘과의 무력 투쟁을 주장하는 강경파도 있었습니다. 하지만 팔레스타인 국가 건설을 반대하는 이스라엘과의 협상은 늘 난항에 부딪혀 온건파의 주장엔 그다지 큰 힘이 실리진 못했습니다. 또 강경파는 강경파대로 이스라엘을 상대로 테러를 펼치곤 했습니다. 이스라엘은 PLO를 소탕한다는 명분으로 레바논을 공격했고 몇 주나 이어진 공격으로 큰 타격을 받은 PLO는 레바논에서 철수했습니다.

이 일로 PLO 내에서 온건파에 대한 불만은 더 커졌고, 강경파의 주장이 힘을 얻게 되면서 만들어진 게 무장 조직 헤즈볼라(Hezbollah)입니다. 이들은 이슬람 근본주의의 주류를 이루는 시아파입니다. 현재 이슬람교도의 10%가 바로 이 시아파에 해당합니다. 헤즈볼라는 1900년대에 미국과 이스라엘을 상대로 차량 자살 폭탄 테러 등을 비롯한 공격을 수차례 감행했습니다. 이러한 공격의 이유는 미국이 이스라엘을 지원하고 있기 때문입니다.

2006년 헤즈볼라는 레바논에서 이스라엘군과 한 달 동안 전투를 했습니다. 일개 무장 조직 단체가 한 국가의 군대를 상대로 이처럼 오랫동안 전투를 할 수 있었던 것은 헤즈볼라가 민병대와 게릴라 조직 등 체계적인 군대를 가졌기 때문입니다. 이는 이란으로부터 연간 7억 달러(약 7,860억 원)를 지원받는 등 다른 아랍 국가의 지원이 있었기에 가능한 일이기도 합니다. 또 레바논 내 헤즈볼라의 정치적 영향력도 상당히 큰 편입니다. 헤즈볼라는 2000년 이스라엘군이 레바논 남부에서 철수한 뒤에는 12명의 의석을 지닌 레바논 정당조직으로 변신했습니다.

헤즈볼라의 목표는 크게 두 가지로 볼 수 있습니다. 하나는 팔레스타인의 독립이고, 다른 하나는 레바논에 이슬람 시아파 국가를 건설하는 것입니다. 그래서 이들은 독립운동뿐 아니라 레바논의 교육계와 의료계 지원 등 레바논 내 사회 활동을 활발하게 펼쳐왔습니다. 이 때문에 레바논 내 헤즈볼라의 평판은 긍정적인 편입니다. 반면 이스라엘, 미국, 유럽의 여러 국가는 헤즈볼라를 테러 단체

헤즈볼라(Hezbollah) 깃발

로 규정하고 이들에 대한 비판이나 무력 공격도 서슴지 않습니다. 미국은 2020년 3월 이라크 내 미군 기지를 폭격한 보복으로 이라크 내 헤즈볼라 무기고를 공격했습니다. 또 2020년 독일 정부는 자국 내에서 헤즈볼라에 대한 지지를 표명하는 것을 처벌 대상으로 삼기로 했습니다. 이는 독일에서 활동 중인 헤즈볼라 회원 약 1천 명의 정치적 사회적 활동을 전부 금지한 것이나 다름없는 일이었습니다.

미국 등의 서방 국가는 헤즈볼라를 테러 조직으로 낙인찍고, 국제 사회에 이들을 이 세상에서 소멸시켜야 하는 대상으로 공표했습니다. 헤즈볼라의 저항 방식 중 하나인 테러가 서방 국가 사회의 위협이 되어서입니다. 물론 테러는 결코 해서는 안 될 폭력이기에 비난을 받아 마땅합니다. 헤즈볼라는 비록 레바논의 합법 정당이고 사회단체이지만 자국을 침공하는 이스라엘이나 미국 혹은 타 수니파 국가들로부터 조국을 수호하기 위한 범주를 초과하는 테러 활동을 전개하는 조직이기도 합니다. 그런데 서방 국가는 그들이 팔레스타인이나 다른 중동 국가에 행사한 폭력과 그로 인해 헤즈볼라 등의 무장 조직이 만들어질 수밖에 없었던 이유 등에 대해서는 침묵합니다. 그리고 우리 또한 팔레스타인인의 비극이나 헤즈볼라의 활동을 서방 국가의 관점에서만 바라보고 있습니다. 미국은 한국의 가장 중요한 우방 국가로 우리에게 큰 영향을 미치고 있는 나라이며 현재 국제 사회 질서는 미국 등의 서방 국가가 주도하고 있기 때문입니다.

끝이 보이지 않는 분쟁 속으로

15세 소년 파리스 오데는 가자 지구로 들어선 이스라엘군의 장갑차를 향해 돌을 던졌습니다. 소년은 팔레스타인 관점의 역사를 배웠을 것이고, 실제로 틈만 나면 가자 지구로 들어서는 이스라엘군과 그들이 팔레스타인인에게 행하는 폭력을 목격했을 겁니다. 그래서 돌을 던졌지만 그 대가는 죽음이었습니다. 이후, 많은 팔레스타인의 아이들이 파리스 오데가 그랬던 것처럼 이스라엘군 탱크에 돌을 던지는 것으로 항의했는데, 그 이유만으로 잡혀간 아이들이 12,000명이 넘었습니다. 그리고 그중엔 3년 이상의 징역형을 산 소년도 있었습니다.

가자 지구는 팔레스타인 남서부의 좁고 긴 지역으로, 이스라엘과 이집트 사이에 있습니다. 이 지역은 1949년부터 이집트와 이스라엘이 번갈아 가며 통치해 왔습니다. 1994년 이후, 팔레스타인 자치 기구에 통치권이 넘어갔고, 2007년엔 하마스(HAMAS)가 주도권을 잡았습니다. 하마스는 팔레스타인 점령지를 중심으로 반이스라엘 투쟁을 펼치고 있는 이슬람 원리주의 조직입니다. 하마스는 'Harakat al-Muqaqama al-Islamiyya'의 아랍어 머리글자로 '이슬람 저항 운동(Islamic Resistance Movement)'을 뜻합니다. 1970년대 후반 결성했을 당시엔 문화 운동 중심으로 활동을 펼쳤지만, 1987년 이후부터는 팔레스타인 해방을 목적으로 삼는 무장 단체

로 그 성격이 변하게 됩니다. 이들이 가자 지구의 집권당이 되자 이스라엘 정부는 가자 지구를 봉쇄하고 분리 장벽을 세웠습니다. 분리 장벽은 8m 높이에 50km 길이로 이스라엘과 맞닿은 국경엔 고압 전류까지 흐릅니다. 가자 지구의 팔레스타인 사람들이 밖으로 나올 수 없게 만든 것이었습니다. 이로 인해 가자 지구는 세상에서 가장 큰 '천장 뚫린 감옥'이 되어 버렸습니다.

이후로도 이스라엘은 가자 지구에 크고 작은 공습을 펼쳐왔습니다. 2014년 7월에서 8월까지 있었던 한 달간의 공습으로 팔레스타인인 사람 2천여 명이 죽었고 1만여 명이 다쳤습니다. 당시 이스라엘은 "하마스를 소탕하기 위해 끝까지 공격할 것이다."라고 했지만 정작 그들의 공격 대상엔 하마스와 전혀 상관없는 학교나 병원도 있었습니다. 2019년 9월 이스라엘 공습으로 크게 다친 소녀 살와는 여러 차례 수술을 받는 동안 가족의 보살핌을 받지 못했습니다. 소녀의 부모, 형제, 친척 9명이 공습으로 죽었기 때문입니다. 국제 사회의 비난이 일자 이스라엘군은 잘못된 판단으로 인한 오폭이었다고 변명했습니다.

한편, 하마스는 봉쇄 정책과 분리 장벽으로 밖으로 나갈 수 없게 되자 해저 터널을 뚫었고, 그 터널을 이용해 이집트로부터 물자를 공급받았습니다. 또 종종 이스라엘에 침입해 들어가기도 했습니다. 한 예로, 2011년엔 이스라엘 병사를 납치하고 그를 풀어주는 조건으로 이스라엘 감옥에 갇혀 있는 팔레스타인인 천 명을 돌려받기도 했습니다.

이스라엘의 공격 표적은 하마스만은 아니었습니다. 분리 장벽을 없애고 원래 살던 땅으로 돌아가게 해달라는 팔레스타인인의 시위에 투입된 무장한 이스라엘군은 시위자들을 향해 총을 쏘았습니다. 2018년 4월에도 장벽 앞에서 시위하던 팔레스타인인 두 명이 이스라엘 저격수의 총에 맞아 사살당했는데, 바로 그 일주일 전에도 16명이 죽었고, 수백 명이 다쳤습니다. 당시 이스라엘을 비난하는 국제 사회에 이스라엘군 당국은 이렇게 말했습니다. "팔레스타인들이 우리 부대에 돌과 화염병을 던졌다. 그리고 이들은 국

이스라엘군의 포격으로 파괴된 팔레스타인 가자지구

경 담장을 돌파하려는 시도를 여러 차례 했다. 우리 군은 폭동 진압 수단과 교전 규칙에 따른 실사격을 사용하고 있다."[1]

이러한 사태가 반복되자 UN은 이스라엘에 "국제법에 따라 총기는 절박한 죽음의 위협이나 심각한 부상의 위험에 대한 대응과 최후의 수단으로 불가피할 때만 사용할 수 있다."라고 말했습니다. 그리고 이스라엘군에게 "비무장 시위대에 대한 사격 명령을 거부하라."고 경고했지만 이러한 요구는 받아들여지지 않았습니다.

"오늘도 2명이나 땅에 묻었다. 아이들에게 총을 쏘지 마라! 차라리 감옥에 가두고 총을 쏘지는 마라! 더 죽이고 싶나? 부끄럽지 않은가? 당신들도 인간이지 않은가?" 팔레스타인인 65세 자이드 아부 할릴은 아이들을 향해 총구를 들이대고 있는 무장한 이스라엘

1 BBC 인터뷰 참조

엘군 앞을 막아서며 이렇게 소리쳤습니다. 이 장면은 우리나라 뉴스에도 고스란히 전해졌습니다. 우리가 평화로운 일상을 사는 이 순간에도 지구 어디에선가는 아이들이 군인의 총에 맞아 죽고 있습니다. 그리고 그 아이들을 보는 어른들은 참담한 심정에 절규하고 있습니다. 이 같은 상황이 반복되어도 이스라엘 정부에 대한 국제사회의 제재는 없습니다. 지나친 폭력에 비난하는 성명이 빗발쳐도 폭력을 자제하라는 요청만 했을 뿐이었습니다.

유대인과 팔레스타인인의 분쟁은 표면적으론 하나의 땅을 두고 두 민족이 갈등하는 것으로 보입니다. 하지만 여기에는 여러 국가와 민족의 문제들이 포함되어 있습니다. 제2차 세계대전 후 유대인을 팔레스타인으로 이주시킨 영국을 비롯한 유럽 국가의 이해관계, 이스라엘을 지원하는 미국의 강력한 군사력, 팔레스타인인을 돕는 것처럼 전쟁에 뛰어들었지만 자국의 이해관계에 따라 움직였던 중동 여러 국가의 셈법, 그리고 국제 사회의 방관 등이 얽힌 비극적 역사입니다. 이런 복잡한 상황으로 인해 팔레스타인인이 천장 뚫린 감옥에서 벗어나는 게 쉬워 보이지는 않습니다. 그들은 그들이 할 수 있는 모든 방법을 동원해 투쟁하고 있고, 그 방법의 하나로 테러를 하고 있습니다. 이는 이스라엘 국민의 안전도 위협하는 일이기에 이스라엘 사회 역시 평화롭지만은 못합니다. 하마스가 주도한 테러로 유대인이 죽으면, 이스라엘군은 가나지구에 공습을 가해 수많은 사람의 목숨을 빼앗는 일을 반복하고 있습니다. 이것이 오늘날 이스라엘과 팔레스타인에 살고 있는 사

다윗의 망대(성채)와 예루살렘 모습

람들의 현실입니다.

이스라엘과 팔레스타인 간 논쟁이 되어 왔던 핵심 사항을 정리하면 크게 영토 문제, 자결권 문제, 인도주의적 문제로 나누어 볼 수 있습니다. 영토 문제는 1967년 중동 전쟁에서 이스라엘이 차지한 가자 지구와 요르단 강 서안의 단계적 이양 문제, 그리고 정착촌 건설 및 분리 장벽의 설치 문제가 해당됩니다. 자결권의 문제는 헤브론, 예리코 등 7개 도시의 자치권 확대와 동예루살렘의 주권 문제가 포함됩니다. 인도주의적 문제로는 팔레스타인 테러범의 미국 감시, 난민의 귀환 등이 해당됩니다. 대부분의 문제는 원칙적 수준에서 합의가 이루어졌으나 팔레스타인에게 있어서 종교적이고 역사적인 도시이면서 이스라엘인에게 있어서는 주요 도시를 연결하는 전략적 요충지인 동예루살렘의 지위 문제는 쉽게 해결되기 힘든 것입니다. 또한 팔레스타인 난민 귀환은 팔레스타인의 독립을 위해서는 필요한 절차이지만 팔레스타인과 이스라엘 인구의 비율을 변화시킨다는 점에서 유대인의 입장에서는 위협의 요소로 인식될 수 있습니다.

이스라엘의 가자 지구 공습이나 유대인 정착촌 확장 등은 ICC(국제형사재판소, International Criminal Court)에 제소 가능한 안건으로 팔레스타인이 옵저버 국가의 지위로 유엔의 국제회의에 참여할 수 있는 권한을 얻었기에 팔레스타인에 대한 무력 사용에 보다 신중을 기해야 할 것입니다.

디아스포라와 시온주의

나라 없이 2천 년을 떠돌다 보니 유대인은 세계 곳곳으로 흩어지게 되었습니다. 그런데도 그들을 하나로 묶는 '공동체 의식'은 늘 존재해왔습니다. 그건 바로 '유대교'입니다. 비록 하나의 국가 아래 모여 있지는 않지만, 그들은 '유대교'라는 신앙 아래 모여 있었습니다. 또 그들은 자신들이 선택받은 민족이기에 결국엔 가나안으로 돌아가 그들만의 나라를 세울 수 있다는 믿음을 가지고 있었습니다. 이 믿음에 대한 근거 역시 그들의 종교에서 찾을 수 있습니다. 전통 유대교에선 "하나님은 지금 유대인에게 시련을 주고 있지만 결국 유대인 땅 가나안으로 불러 모으게 할 것이다."는 메시아의 희망을 전하고 있으니까요. 이처럼 세계 곳곳에 흩어졌지만 유대교의 규범과 생활 관습을 유지하는 유대인을 통틀어 '디아스포라'라 합니다.

19세기 후반 유럽을 중심으로 반유대주의가 일어나자 유대인 사이에서도 이에 대한 움직임으로 시온주의(Zionism)가 만들어집니다. 시온주의는 유대인들이 원래 살고 있었던 땅, 가나안으로 돌아가 그곳에 그들의 국가를 세우는 정치적 운동을 뒷받침하는 사상입니다. 그래서 시온주의는 '디아스포라(Diaspora) 운동'으로도 불립니다. 결과적으로 이 운동은 성공적이었습니다. 유대인은 2천 년 만에 그들이 그토록 원했던 가나안으로 돌아가 그들의 국가를 세웠으니까요. 그 대가로 팔레스타인인이 피를 흘렸고, 그들이 살던 땅에서 쫓겨났지만, 유대인은 그러한 일을 당연하게 받아들입니다. 2천 년 전 그들의 신이 그들에게 약속한 땅에 돌아갔다는 것, 그것이야말로 유대인에게 가장 중요한 일이었기 때문입니다.

중동 지역의 종교 분쟁, 수니파와 시아파

중동 지역은 이슬람 종교의 종파 간 갈등이 극심합니다. 사실 종교 갈등의 폭력화는 중동 지역의 문제만은 아닙니다. 이보다 앞선 16세기 유럽에선 구교(천주교)와 신교(기독교)의 갈등으로 30년이나 지속한 종교 전쟁이 있었습니다. 당시 유럽에선 종교가 다르다는 이유로 다른 이를 죽이거나 자신의 종교를 지키기 위해 스스로 죽음을 택하기도 했습니다. 종교는 눈에 보이지도 않고, 의식주에 도움이 되는 것도 아닙니다. 하지만 인류 전쟁사에서 종교는 분쟁의 원인이 되기도 합니다. 유대인과 팔레스타인인, 인도와 파키스탄, 미얀마와 로힝야족, 이라크의 수니파와 시아파 등 이 모든 분쟁에도 종교가 한 자리를 차지하고 있죠.

중동 지역의 종교 갈등은 주로 수니파와 시아파의 대립으로 나타납니다. 수니파와 시아파는 무함마드(Muhammad)가 창시한 이슬람교에 뿌리를 두고 있습니다. 무함마드는 613년에 이슬람교를 세웠습니다. 당시 그는 천사 가브리엘을 통해 받은 알라의 게시 내용과 계율 등을 경전으로 만드는데, 그게 바로 코란(Koran)입니다.

수니파는 코란과 순나(Sunnah)를 따르는 자들을 뜻합니다. 코란은 이슬람교의 경전이고, 순나는 이슬람 공동체의 전통적, 사회적, 법률적인 관습입니다. 이라크와 이란을 제외한 대부분 국가에선 약 90%가 수니파이기 때문에 수니파는 자신들을 이슬람교의 주류로 여깁니다. 시아파는 '시아트 알리'라고도 하는데, 이는 알리의 추종자를 뜻합니다. 알리는 무함마드의 사촌 동생이며 사위로, 무함마드의 혈통을 이어받았습니다. 하지만 무함마드가 직접 알리를 자신

수니파, 시아파 지도

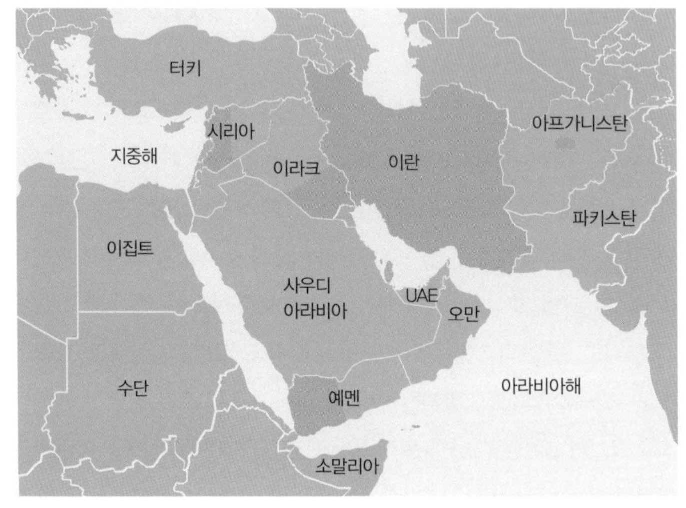

의 후계자로 내세웠던 것은 아닙니다. 아들이 없었던 무함마드는 후계자를 정하지 않고 사망했습니다. 이는 이슬람교를 수니파와 시아파로 가르는 결정적 이유가 됩니다. 당시 수니파는 무함마드의 직계 혈통이 아니어도 이슬람의 문화와 규율을 훌륭히 지켜내는 사람이라면 이슬람교의 지도자인 칼리프가 될 수 있다고 여겼습니다. 반면, 시아파는 오로지 무함마드의 혈통만이 칼리프가 될 수 있다고 주장했습니다. 이 같은 의견 차이는 1400년 동안 이어져 지금까지 대립 관계를 유지하고 있습니다.

꼭꼭 짚어 생각 정리하기

가 국제 분쟁에서 강대국은 힘이 약한 상대국에 강력한 군사력을 행사하거나 국제적 왕따를 시키거나 경제적 압박을 가합니다. 약소국은 강대국과의 분쟁에서 이기기 힘들고, 무국적자는 국가 폭력에 고스란히 노출되어 있습니다. 때문에 그들은 자신들이 싸울 방법 중 하나로 테러를 선택하기도 합니다. 세계 곳곳에서 펼쳐지는 테러를 우리는 어떻게 바라봐야 할까요?

....

....

나 전쟁에서 패한 패전국이나 약소국가를 상대로 민족 말살 정책을 펼친 사례를 전 세계적으로 찾아볼 수 있습니다. 그 중에서 독일의 유대인 학살은 너무나 끔찍합니다. 인종 청소가 자행되었던 당시 시대적 상황을 토대로 국가와 민족의 지위, 힘에 대해 생각해 봅시다.

....

....

다 이스라엘과 팔레스타인 분쟁을 통해 알 수 있는 사항과 어느 나라의 입장을 응원하는지 생각해 봅시다.

....

....

미얀마 정부 VS 소수민족 로힝야족
오랫동안 미얀마 군부 정권의 차별로 전 세계에
흩어져 난민으로 살고 있다.

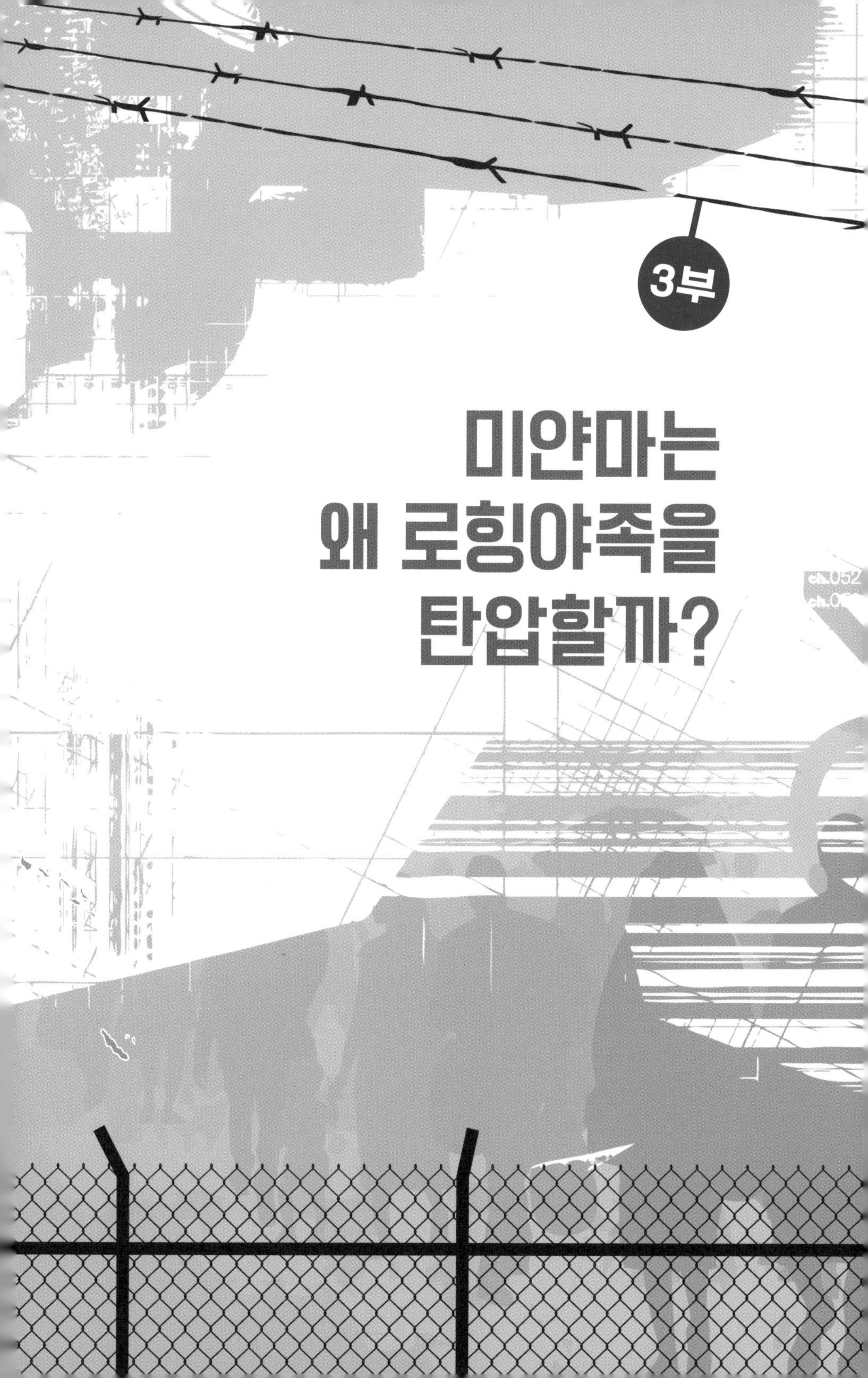

3부

미얀마는 왜 로힝야족을 탄압할까?

민주주의의 상징, 아웅 산 수 치의 두 얼굴

미얀마는 1886년부터 1948년까지 영국의 식민지였습니다. 영국 식민지 시대였던 때 미얀마의 공식 명칭은 버마였습니다. 이는 미얀마 일부 지역을 점령한 영국이 지은 것입니다. 하지만 1989년 6월 군부는 버마를 미얀마 연방 공화국으로 바꾸었습니다. 당시 주도적으로 독립운동을 펼친 아웅 산 장군은 독립되기 1년 전 정적에게 암살당했습니다. 미얀마 민주주의의 상징으로 1991년에 노벨 평화상을 받은 아웅 산 수 치Aung San Suu Kyi는 바로 아웅 산 장군의 딸입니다.

영국 옥스퍼드 대학교에서 공부했던 아웅 산 수 치가 어머니의 병간호를 목적으로 미얀마에 돌아왔던 1988년에 미얀마의 국방부 장관은 네 윈Ne Win이었습니다. 네 윈은 1962년에 미얀마의 실질적인 권력자가 된 인물이었죠. 그런데 네 윈이 쿠데타로 정권을 잡자 아웅 산 수 치는 민주주의민족동맹(NLD, National League for Democracy)을 만들어 민주화 운동을 펼쳤습니다. 이 운동은 1988년 8월 8일, 대규모 시위로 발전하게 됩니다. 당시 수많은 학생과

아웅 산 수 치(정치인, 2016년부터 2021년까지 미얀마의 국가고문과 외무부 장관을 수행했던 노벨 평화상 수상자이다.)

승려들이 거리로 나섰고, 그 뒤를 시민들이 따랐습니다. 그러자 군부는 무력으로 진압했는데, 당시 3천 명 이상의 사람들이 목숨을 잃었습니다. 이 사건으로 26년이나 정권을 잡았던 네 윈은 물러나게 되었습니다. 하지만 군부 정권은 그대로 유지되었고, 아웅 산 수 치는 자신의 집에서 한 발짝도 나갈 수 없는 '가택 연금'을 당했습니다. 가택 연금은 그로부터 20년이나 지난 2010년에 해제되었습니다.

국제 사회는 아웅 산 수 치의 가택 연금이 풀리기 전까지 미얀마 군부에 비난의 목소리를 냈습니다. 민주화 운동 지사에 대한 탄압을 멈추라는 것이었습니다. 그런데 2017년 국제 사회의 목소리는 군부가 아닌 아웅 산 수 치에 대한 비난으로 그 방향을 틀었습니다. 심지어 "아웅 산 수 치는 노벨 평화상 수상자의 자격이 없다."며 노벨 평화상을 박탈해야 한다는 주장까지 나왔습니다. 이에 노벨 재단 라스 하이켄스텐Lars Heikensten 사무총장은 "아웅 산 수

치가 한 일은 매우 유감스럽다. 하지만 이 상을 철회하는 것은 이치에 맞지 않는다. 수상자 가운데에는 우리가 옳지 않다고 생각하는 일을 하는 사람도 있을 것이다. 이는 피할 수 없다."라는 견해를 밝히기도 했습니다. 결과적으로 아웅 산 수 치가 노벨 평화상을 박탈당하는 일은 일어나지 않았습니다. 대신 각국의 언론은 그녀를 비판하는 기사를 냈는데, 그 내용은 대체로 '로힝야 난민에 침묵하는 아웅 산 수 치', '두 얼굴의 아웅 산 수 치' 등과 같은 것들이었습니다.

2019년 12월 10일, 아웅 산 수 치는 네덜란드 헤이그에 있는 국제사법재판소에 섰습니다. 바로 그 전 달에 로힝야족 집단 학살 혐의로 미얀마 정부가 피소되었기 때문입니다. 아웅 산 수 치가 재판에 참석한 건 그녀가 미얀마 국가 고문이고 외무 장관이었기 때문입니다. 즉, 미얀마 대리인의 자격으로 재판을 받은 것이었습니다.

미얀마를 국제사법재판소에 제소한 것은 이슬람 협력 기구(OIC, Organisation of Islamic Cooperation)였습니다. OIC는 서아프리카의 이슬람 국가인 감비아를 대신해 미얀마를 법정에 세운 것입니다. 불교 국가인 미얀마가 소수 민족인 로힝야족의 종교를 탄압하고, 인종 청소를 했다는 게 그 이유였습니다. 실제로 미얀마 군부는 로힝야족을 탄압해왔고, 그 과정에서 수많은 로힝야족이 살해당하거나 인근 국가로 피신하는 일이 벌어졌습니다. 도대체 미얀마에선 무슨 일이 벌어지고 있었던 것일까요? 그리고 로힝야족은 어쩌다 세계에서 가장 박해받는 민족 중 하나가 되어 버린 것일까요?

미얀마를 둘러싼 두 민족의 갈등

미얀마는 135개나 되는 소수 민족이 있는 다민족 국가입니다. 구성원의 주류를 이루는 민족은 버마족으로, 이들은 전체 인구의 70%를 차지하고 있습니다. 30%에 해당하는 소수 민족 중 약 110만 명이 로힝야족입니다. 로힝야족 대부분은 미얀마의 북서쪽 라카인 지역에 살고 있습니다. 그런데 이들이 처음부터 이곳에서 살았던 건 아닙니다. 원래 이들이 살았던 곳은 미얀마에 이웃해 있는 방글라데시였습니다. 그런데 어쩌다 이들은 미얀마 라카인까지 오게 된 것일까요? 그 이유는 미얀마의 영국 식민지 시대에서 찾을 수 있습니다.

미얀마는 1886년 영국의 식민지가 된 후 끊임없이 저항해왔습니다. 청년들은 양곤 대학교 학생들을 중심으로 조직화된 독립운동을 펼쳤고, 아웅 산 장군이 중심이 된 독립운동 단체도 영국의 식민지 정책을 반대하고 나섰습니다. 또 불교 국가답게 승려들도 독립운동에 앞장섰습니다. 이 모든 일은 영국의 미얀마 식민 지배를 어렵게 만들었습니다. 그러자 영국은 미얀마의 주류 세력인 버마족을 탄압하고, 소수 민족에게 힘을 실어 주는 '소수 민족 우대 정책'을 세웁니다. 그리고 영국은 자신들을 대신해 버마족과 싸울 수 있는 대상으로 로힝야족을 선택했습니다.

영국은 먼저 방글라데시에 사는 로힝야족을 미얀마로 이주시킨 후, 그들을 식민지의 중간 관리자로 만들어 자신들 대신 버마족을 관리하거나 착취하는 일을 맡겼습니다. 그뿐 아니라 로힝야족을 무장시켜 버마족 2만 명 이상을 학살토록 하였습니다. 이에 분노한 버마족은 로힝야족 마을을 공격하게 되는데, 이 일로 약 300여 개에 이르는 로힝야 마을이 사라졌고, 10만 명에 가까운 로힝야족이 살해당했습니다. 1942년 일어난 이 일은 오늘날까지도 버마족과 로힝야족에게 앙금으로 남아 있습니다.

그런데 로힝야족은 왜 영국 편에 섰을까요? 그들은 왜 버마족과 싸웠을까요? 소수 민족은 '여러 민족으로 이루어진 나라에서 지배적 세력을 가진 민족에 비해 인구가 상대적으로 적고 언어나 관습 따위가 다른 민족'을 일컫습니다. 그래서 정치적으로나 경제적으로 힘을 가지지 못하는 경우가 많습니다. 정권을 잡은 주류 민족 대부분은 소수 민족의 문화, 언어, 관습, 체제를 인정하지 않습니다. 이는 소수 민족에 대한 차별이나 탄압 등으로 이어지는데, 바로 이 때문에 소수 민족 대부분은 자치권을 가지고 싶어 합니다. 이들에게 자치권은 다른 민족의 지배하에서 벗어나 자신들의 삶을 스스로 선택하고 결정할 수 있는 권리입니다. 로힝야족 역시 오래전부터 자치권을 원했습니다. 이를 잘 알고 있었던 영국은 "너희가 우리 편에 서면 너희의 자치권을 인정해줄게."라는 약속을 하고, 버마족 탄압에 로힝야족

로힝야족 민족 상징기

로힝야족

을 최대한 활용해 왔던 것이었습니다.

로힝야족이 영국의 약속을 믿고 버마족을 상대로 싸우는 동안, 국제 정세는 이전과 다른 판도로 흘러갔습니다. 영국 등의 유럽 국가들은 제2차 세계대전으로 큰 타격을 입었고 식민지에 대한 지배권이 약화되었습니다. 당시 소련 등의 공산주의 국가에선 유럽 강대국들을 강렬하게 비판했습니다. 히틀러의 유대인 학살과 다른 나라를 식민지로 삼아 학살과 약탈을 일삼는 제국주의의 행태는 다르지 않다는 것이었습니다. 제2차 세계대전으로 재편된 국제 질서, 식민지에 대한 지배권 약화, 국제 사회의 비판, 식민 국가의 독립운동 등의 이유로 영국 역시 다른 유럽 국가와 마찬가지로 그동안 식민지로 삼았던 나라에서 물러서게 되었습니다. 그와 함께 미얀마도 1948년 독립을 맞이하게 되었습니다.

이는 로힝야족을 매우 난처한 상황에 놓이게 했습니다. 영국을 뒤에 두고 버마족을 상대로 싸워왔는데, 그 영국이 쏙 빠져나가고 이젠 버마족이 지배하는 땅에 그들만 덩그러니 놓인 처지가 되었으니까요. 로힝야족에 대한 버마족의 차별과 탄압이 예상되는 가운데 영국 정부는 미얀마 독립 정부와의 협상에서 로힝야족의 지위와 안전을 보장받는 협약을 맺기도 했습니다. 하지만 이런 안전장치는 미얀마 독립 후 초기에만 작용했습니다.

1962년 군사 쿠데타로 정권을 잡은 네 윈 장군은 로힝야족의 사회적 활동을 제한해 버렸습니다. 그는 '버마식 사회주의'를 발표하고, 이에 반대하는 정치인은 체포해 버렸습니다. 버마식 사회주의란 폐쇄, 고립 정책으로 산업 국유화, 소수 민족 탄압, 경찰 국가, 엄격한 고립주의, 폐쇄 경제 등을 말합니다. 또 부처의 계율을 원칙대로 고수하는 '상좌부 불교(上座部佛教)'를 미얀마 국가의 기본 이념으로 삼았습니다. 상좌부 불교 자체는 다른 종교에 배타적이지 않습니다. 불교도가 스스로 노력해 깨달음을 얻는 것을 중심 교리로 삼고 있기 때문입니다. 하지만 네 윈 장군은 상좌부 불교를 우리 편과 남의 편으로 가르는 기준으로 이용합니다. 이를테면, 상좌부 불교를 믿으면 '우리 편', 그렇지 않으면 '남의 편'으로 구분하여 타 종교를 믿는 이민자나 소수 민족을 차별했던 것이었습니다. 이는 이슬람교를 믿는 로힝야족에게도 고스란히 적용되었습니다.

로힝야족, 무국적자가 되어 버리다

1982년 미얀마 군정은 미얀마 시민권을 제정했습니다. 당시 군정은 까친, 라카인, 샨족 등 소수 민족 대부분을 미얀마의 시민권자로 인정했지만 로힝야족의 시민권은 박탈해 버렸습니다. 심지어 이들을 불법 이민자로 규정해서 '벵갈리'로 불렀습니다. 벵갈리는 방글라데시에서 온 사람이라는 뜻입니다. 로힝야족은 미얀마 사람이 아니라는 걸 못 박은 것이죠. 이 일로 미얀마 내 로힝야족 약 110만 명은 무국적자가 되었습니다.

2016년 미얀마에 들어선 민주 정권도 로힝야족의 시민권을 인정하지 않고 있습니다. 그러기는커녕 여전히 차별 정책을 펼치고 있습니다. 위에서 살펴보았듯 두 민족 사이에 깊이 자리 잡은 반목의 역사가 현대에도 여전히 이어져 오기 때문입니다. 또 두 민족의 간격을 좁힐 수 없는 이유 중에는 종교 갈등도 있습니다.

미얀마는 국민의 90%가 불교를 믿고 있습니다. 불교는 미얀마가 통일 국가를 이룩했던 11세기부터 자리를 잡았고, 정치, 문화 등 여러 방면에서 영향력을 발휘하고 있기에 미얀마인들의 삶 그 자체라 할 수 있습니다. 영국 식민지 당시에도 불교를 국교로 할 수 있게 해달라고 영국 정부에 요청할 정도였습니다. 그러나 영국은 이들의 요청을 거절했고 미얀마인들을 분노케 했습니다.

반면 미얀마에서 이슬람교를 믿는 사람은 약 4.3%에 불과한

데, 로힝야족 대부분이 이슬람교도입니다. 이슬람교는 기독교와 같은 뿌리를 가지고 있는 유일신 신앙입니다. 유일신 신앙은 오로지 한 신만을 섬기기에 다른 종교를 인정하지 않는 특성이 있습니다. 무엇보다 종교가 다르다는 것은 두 민족의 문화도 다르다는 것을 뜻합니다. 역사적으로 갈등의 골이 깊은 데다 서로 다른 종교와 문화를 가지고 있기에 두 민족이 서로를 받아들이고 이해하는 데엔 상당한 어려움이 따랐습니다. 문제는 수적으로나 정치적, 경제적으로 힘을 가진 버마족이 상대적으로 소외된 소수 민족 로힝야족에게 일방적 폭력을 행사하고 있다는 것이었습니다.

로힝야족을 향한 잔혹한 탄압

로힝야족의 대다수는 방글라데시 국경과 인접한 도시인 라카인에서 살고 있었습니다. 미얀마 군정은 그들에게 시민권을 주지 않았을 뿐 아니라 세금을 과도하게 물리거나 재산이나 토지를 빼앗는 등 탄압 정책까지 펼쳤습니다. 급기야 미얀마 군부는 1978년에 '나가민 작전'을 세웁니다. 이 작전의 주목적은 '미얀마에 사는 외국인들을 조사하고, 불법 거주자에 대해선 그에 마땅한 조처를 하는 것'이었습니다. 이후로 로힝야족은 강제 노동에 끌려가거나 살해나 강간 등의 위협에 심심찮게 노출되었습니다. 당시 로힝야족 약 20만 명은 바로 이웃해 있는 방글라데시로 피난을 가게 됩니다. 그로부터 13년 후인 1991년, 미얀마 군부의 로힝야족 추방작전이 또 한 번 대대적으로 펼쳐졌습니다. 이 사건을 계기로 약 1년간 로힝야족 25만 명이 방글라데시로 추방되거나 탈출해야만 했습니다.

한편 방글라데시 입장에서도 로힝야족은 반가운 손님이 아니었습니다. 그들에게 로힝야족은 불법으로 국경을 넘어온 난민에 불과했는데, 그 수가 수십만 명에 달하다 보니 독자적으로 감당하기에 벅찼습니다. 결국 방글라데시 정부는 국제 사회에 지원을 요청하게 되었습니다. 1992년 UN 인권위원회는 '미얀마 인권 상황에 대한 특별 보고관'을 설립하고, 1993년엔 약 5만 명의 로힝야족을 미얀마로 송환시켰습니다. 이는 방글라데시와 미얀마의 합의하에 이루어진 것이었습니다.

하지만 이후로도 로힝야족에 대한 탄압은 계속되었습니다. 정부의 묵인하에 극단주의 불교도들은 로힝야족 마을을 공격하곤 했는데, 2012년엔 최소 80명의 로힝야족이 목숨을 잃었습니다. 그리고 최소 12만 명 이상의 로힝야족은 삶의 터전을 잃고 난민이 되었습니다. 당시 UN은 로힝야족을 '세계에서 억압받는 소수 민족'으로 규정하고 미얀마 군정에 "로힝야족에 대한 탄압을 멈추고 시민권을 부여하라."고 요구하기도 했습니다. UN과 세계 여론에 밀린 미얀마 군정은 로힝야족에 시민권을 부여하는 '라카인 행동 계획'을 내놓습니다. 그런데 그 조건으로 로힝야족은 로힝야족이 아닌 '벵갈리'로 등록해야만 했습니다. 이는 자기 자신의 정체성을 부정하는 일이었기에 로힝야족 대부분은 미얀마의 시민권을 포기할 수 밖에 없었습니다.

그러던 중 미얀마에도 민주화의 물결이 일었고, 2016년 민족민주연합의 창립 회원 중 한 명인 우 틴 쩌U Htin Kyaw가 대통령이 되었습니다. 그는 아웅 산 수 치와 함께 미얀마의 민주화 운동을 이끌었던 인물이었습니다. 우 틴 쩌가 대통령이 된 후, 미얀마는 본격적으로 시장을 개방하고 경제 발전을 이끌었는데, 2018년에 그가 갑자기 대통령직을 내려놓았습니다. 이후 미얀마 10대 대통령으로 우 원 민U Win Myint이 당선되었고, 우 원민 역시 NLD의 회원 중 한 명으로 민주화 운동을 펼쳤던 인물이었습니다.

민주 정권이 들어선 후에도 로힝야족에 대한 탄압만큼은 누그러들지 않았습니다. 오히려 로힝야족에 대한 학살과 강제 이주 정책이 더 활발해진 바람에 40만 명에 가까운 로힝야족이 방글라데시로 피난 가는 사태가 발생했습니다. 무장한 로힝야족은 피난 대신 미얀마 정부를 상대로 저항 운동을 펼쳤습니다. 2016년 10월 미얀마 국경 초소를 습격해 9명의 관리인을 죽이고 무기와 탄약을 탈취했으며 그해 11월엔 미얀마군 4명을 살해하기도 했습니다. 미얀마군은 이를 테러로 규정해 보복성 진압에 나섰습니다. 이들은 로힝야족의 마을을 불태우거나 무작위로 사람들을 죽였는데, 이 과정에서 사람을 산 채로 태우거나 유아를 우물에 던져 죽이는 등의 잔혹한 일도 일어났습니다.

UN 안전보장이사회는 "미얀마 정부는 로힝야족에 대한 인종 청소를 즉각 중단하라."는 공동 성명을 내기에 이르렀습니다. 인종 청소는 다른 민족 집단의 구성원을 강제로 제거하는 정책을 통틀어 일컫는 말입니다. 제2차 세계대전 때 독일 나치가 유대인을 학살했을 때 처음 등장한 말이었죠. 그런데 21세기에 다시 이 말이 등장한 겁니다. 그 정도로 로힝야족에 대한 미얀마 정부의 탄압은 가혹하고 잔혹했습니다.

난민 캠프의 로힝야족과 세계의 난민들

2016년부터 2019년까지 미얀마를 떠난 로힝야족은 거의 74만 명에 이르렀습니다. 탄압과 학살을 피해 방글라데시의 국경을 넘었지만, 이들이 마주친 현실은 그렇게 희망적이지 않았습니다.

방글라데시는 인구 밀도 1위인 나라로, 전체 노동력의 5분의 3이 농사를 짓고 있는 빈민국인데다 정치적으로도 안정화되어 있지 않습니다. 그런데도 방글라데시 정부는 미얀마에서 도망쳐온 로힝야족에게 땅을 제공했습니다. UN은 천막을 제공했고, 유니세프, 국경없는 의사회 등의 국제 단체 지원도 뒤따랐습니다. 하지만

100만 명에 달하는 난민에겐 턱없이 부족한 지원이었습니다. 그렇다고 로힝야족이 돈을 벌 기회를 가질 수 있었던 것도 아닙니다. 이들은 방글라데시 사회와 철저하게 차단된 채 오로지 난민 캠프에만 있어야 했으니까요. 또, 이들에겐 방글라데시 언어인 벵골어를 배우는 것도 금지되었습니다. 벵골어를 아는 난민이 방글라데시 사회로 스며드는 것을 우려한 방글라데시 당국의 정책이었죠.

2020년 유엔난민기구가 발표한 연례 글로벌 동향 보고서에 따르면 2019년 말 기준 전 세계 7,950만 명의 사람들이 강제이주 중인 것으로 확인되었습니다. 이는 유엔난민기구가 집계한 최대 규

방글라데시 쿠투팔롱 로힝야족 난민 캠프 (2017년 3월)

모의 강제 실향민입니다. 이 중 4,570만 명은 본인의 국가 안에서 다른 지역으로 피신한 국내 실향민이었고, 나머지는 자국으로부터 피신한 사람들이었으며 이 중 420만 명은 난민 신청 후 그 결과를 기다리는 난민신청자, 2,960만 명은 타국으로 강제 이주 중인 난민이었습니다. 2018년 말 기준 강제 이주민은 7,080만 명으로 일 년 사이 크게 증가했습니다. 그 이유는 콩고민주공화국, 사헬 지역, 예멘 그리고 시리아에서 새로 발발한 내전때문이며 내전 10년 째인 시리아에서는 1,320만 명이 넘는 난민이 발생했습니다. 이는 전 세계 강제 이주민의 6분의 1에 달하는 규모입니다. 또한 자국에서 피신한 베네수엘라 사람들이 통계 수치에 일부 반영된 부분도 있습니다.

방글라데시의 로힝야족 난민촌은 세계적으로 가장 규모가 큽니다. 그다음으로 규모가 큰 난민촌은 약 25만 명의 난민이 있는 우간다의 '비디비디 난민촌'입니다. 이 외에도 레바논의 '팔레스타인 난민촌', 네팔, 인도의 '티베트 난민촌', 케냐의 '다답 난민촌' 등이 있습니다. 이들의 3분의 2 이상은 미얀마, 시리아, 아프가니스탄, 남수단, 소말리아 출신입니다. 이는 이 5개 국가의 정치적, 경제적 상황이 매우 나쁘다는 것을 의미합니다. 난민 중 자신들의 집으로 돌아간 사람은 3% 미만에 불과합니다. 세계 난민의 약 60%가 난민촌에서 살고 있지만, 대다수 난민촌에는 물과 식량이 부족하고 위생 시스템도 열악합니다. 사정이 이렇다 보니, 난민촌 아이들은 기본적인 교육조차 받지 못하고 있습니다.

케냐의 가리사 현에 위치한 세계 최대의 난민 수용소 다답 난민 캠프(Dadaab refugee camp)

UN 총회에선 1951년 '난민의 지위에 관한 국제 조약'을 체결했습니다. 난민 역시 인간의 기본적인 권리와 자유를 누릴 수 있어야 한다는 게 이 조약의 원칙입니다. 난민은 일반적으로 생활이 곤궁한 국민, 전쟁이나 천재지변으로 곤란에 처한 이재민을 말합니다. 그러나 최근에는 주로 인종적, 사상적 원인과 관련된 정치적 이유에 의한 집단적 망명자를 난민이라 일컫고 있습니다. 또, 특정 국가에 지나치게 많은 난민이 모였을 경우, 그 국가에 과도한 부담이 될 수 있으니 국제 협력을 통해 해결책을 세우자는 내용도 들어 있습니다. 하지만 '난민의 지위에 관한 국제 조약'은 잘 지켜지지 않고 있습니다. 난민의 현실은 여전히 가혹하고 처참하며, 혐오와 편견으로 인해 인격적 대우도 받지 못하는 상황입니다. 그들에겐 지켜줄 정부도 없으며, 꿈꿀 수 있는 사회도 없습니다.

로힝야족의 사례에서도 알 수 있듯, 그 어떤 사람도 자발적으로 난민이 되진 않습니다. 또 개인의 잘못으로 난민이 되는 것도 아닙니다. 난민은 국제 분쟁이나 정치적 억압 등을 피해 도망쳐 나온 우리와 다를 바 없는 평범한 사람들일 뿐입니다. 하지만 이들은 의식주는 물론이고, 의료, 교육 등의 기본적인 혜택도 받지 못하는 삶을 살고 있습니다. 때문에, 난민 문제는 국제 사회가 함께 풀어 나가야 할 숙제라고 할 수 있습니다.

국제적인 '땅따먹기'와 '도둑질'엔 죄를 묻지 않는다?

18세기부터 19세기까지 영국은 미얀마, 파키스탄, 인도, 방글라데시, 홍콩 등 50여 개에 가까운 국가를 식민지로 삼았습니다. 영국이 다른 국가를 침략해 식민지화하는 이유는 간단합니다. 바로 '땅따먹기'와 '도둑질'을 하기 위해서였죠. 이 시기에는 영국뿐 아니라 스페인, 포르투갈 등 유럽 국가들이 더 많은 땅을 차지하기 위해 경쟁에 몰입했습니다. 그 과정에서 수많은 식민지 국민이 학살당하기도 했고, 그보다 더 많은 사람이 탄압과 차별에 시달려야 했습니다. 무엇보다 식민지 시대에 자행되었던 많은 폭력이 현재까지 이어져 오는 경우가 많습니다. 미얀마의 로힝야족 탄압은 이를 가장 잘 보여주는 예시 중 하나입니다.

반면, 영국을 비롯한 유럽의 제국주의 국가들은 식민지 국가에서 착취한 것들을 기반으로 경제를 발전시켰고, 오늘날엔 세계에서 가장 발달한 복지 국가로 자리매김하고 있습니다. 이 같은 현실은 식민지 시대의 역사를 정확한 사실 위주로 보기 어렵게 만듭니다. 우리가 알고 있는 식민지 시대에 대한 대부분의 평가는 유럽 국가 출신 석학들 시각에서 만들어진 것이기 때문입니다.

유럽 시각에서 식민지 시대는 모험의 시대입니다. 이를 가장 잘 보여주는 예시가 콜럼버스의 신대륙 발견이죠. "콜럼버스가 발견했다."라고 평가하는 그 대륙엔 이미 아메리카 원주민이 살고 있었습니다. 팔레스타인이 그랬듯이 비어 있는 땅이 아니었죠. 그런데 유럽 제국주의자들은 원주민을 몰살하거나 내쫓아 버린 후 그 땅을 차지했습니다. 그리고 그 땅에 미국이라는 나라를 세웠죠. 당시의 역사를 아메리카 원주민의 시각에서 보면, "침략자들이 우리가 사는 땅에 들어와 우리를 죽이고 그 자리를 차지했다."고 말할 수 있습니다.

'신대륙 발견'이라는 말 자체도 오로지 유럽인의 시각에서 나온 말입니다. 이는 마치 일본이 조선을 식민지로 만든 후에, "우리가 조선을 구해주었어."라고 하는 말 만큼이나 이상한 말입니다. 그런데도 우리 역시 유럽인의 시각을 고스란히 이어받아 신대륙 발견이라는 말을 당연하게 사용하고 있습니다.

또한 유럽 대부분의 제국주의 국가들은 식민지 시대에 대해 책임지려 하지 않습니다. 오히려 그들은 이렇게 말합니다. "우월한 민족이 열등한 민족에게 과학 기술을 비롯한 선진 문화를 전수했다. 우리에게 고마워해야 해."라고 말이죠. 그 근거로 식민지에 철도를 깔고, 병원이나 학교를 세운 것을 내세웁니다.

영국 대영박물관

영국의 대영박물관에 전시 보관된 유물이나 문화재의 상당수는 대영제국 시절 영국이 다른 국가들로부터 약탈해온 것들입니다. 그래서 전시관도 이집트관, 로마관, 아시아관, 아메리카관 등으로 구성되어 있습니다. 대영박물관의 유물 중엔 프랑스의 나폴레옹이 약탈한 것을 영국이 프랑스와의 전쟁에서 이겨 가져온 것도 있습니다.
대표적인 것으로 이집트의 로제타석이 있는데, 이 두 국가는 로제타석의 소유권을 두고 다투고 있습니다. 이집트가 로제타석을 돌려달라고 하자 영국은 이렇게 대꾸했습니다. "우리는 너희 이집트의 문화재를 보관하는 것이 아니라 세계 문명의 일부를 귀중하게 여겨 보존하는 것이다. 정말 중요한 것은 유물을 잘 보존하는 것인데, 우리는 너희보다 그런 능력이 더 낫다."
대영박물관만큼이나 유명한 프랑스 루브르 박물관도 별반 사정이 다르지 않습니다. 프랑스 정부 역시 식민지 시대 타국에서 빼앗은 유물을 전시하거나 창고에 넣어둔 채 돌려주지 않고 있습니다. 루브르 박물관엔 1886년 병인양요 당시 프랑스군이 약탈해간 문화재도 있습니다. 프랑스에 빼앗긴 대표적인 문화재론 직지심체요절(直指心體要節)과 외규장각 도서(外奎章閣 圖書) 342권이었습니다. 그나마 다행인 건 현재 외규장각 도서 297권은 국립중앙박물관에 소장되어 있다는 것입니다. 1991년부터 우리 정부와 시민 단체들이 문화재 반환 운동을 펼쳤고, 그 결과 2011년에야 돌려받을 수 있게 되었습니다. 이는 한국의 국력이 커지면서 가질 수 있는 성과이기도 합니다. 하지만 국력이 강하지 못한 수많은 국가는 자신들의 유물이나 문화재를 전혀 돌려받지 못하고 있는 게 오늘의 현실입니다.

꼭꼭 씹어 생각 정리하기

가 전 세계 난민의 80퍼센트는 극심한 식량과 영양 부족에 시달리고 있는 국가 혹은 지역에 머물고 있으며, 이 국가들 중 상당수는 기후재난 등의 위험에도 놓여 있습니다. 난민 문제를 해결할 수 있는 방안에는 어떤 것이 있을까요?

....

....

....

나 난민 문제는 남의 나라 일만은 아닙니다. 2018년 제주도에 예멘 난민이 들어 왔으며 법무부 제주출입국·외국인청은 제주 예멘 난민신청자 484명에 대한 심사를 거쳐 난민 인정 2명, 인도적 체류 허가 412명으로 결정했습니다. 당시 수많은 사람이 반대했는데, 그와는 별도로 한국도 본격적으로 난민 문제에 대해 생각하는 계기가 되었습니다. 우리는 난민을 어떻게 받아들이는 것이 옳을까요?

....

....

....

중국 VS 일본
동중국해상 천연자원 매장량 보고
이후 영유권 분쟁이 더욱 격화되었다.

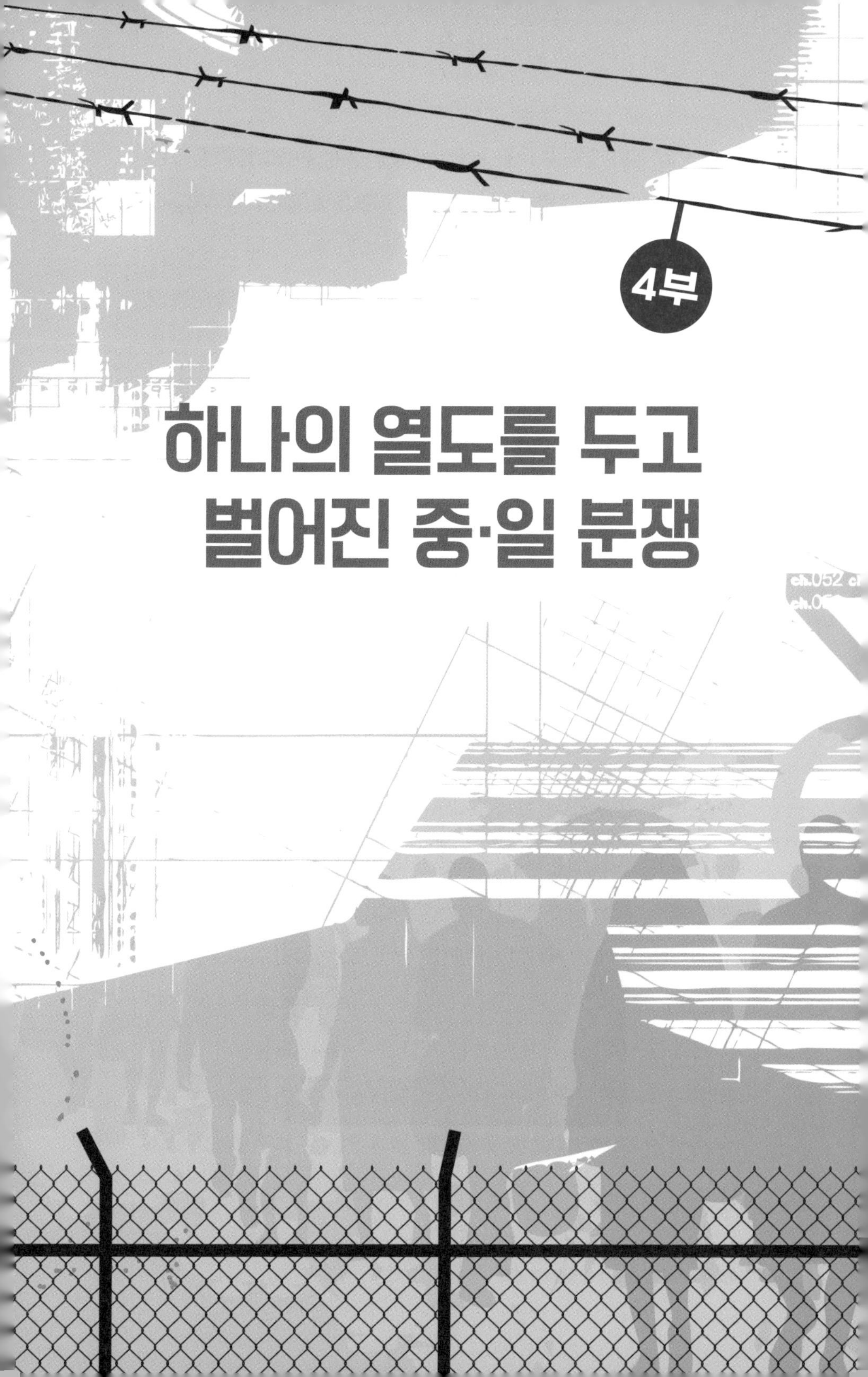

4부

하나의 열도를 두고 벌어진 중·일 분쟁

센카쿠 열도일까? 댜오위다오일까?

우리나라와 가장 가까이 이웃한 국가는 한반도 북쪽의 중국과 한반도 남쪽 바다 건너의 일본입니다. 오래전부터 우리나라는 이 두 국가와 문화, 경제 등 다양한 분야에서 영향을 주고받았습니다. 하지만 그만큼 크고 작은 분쟁 역시 끊이지 않았습니다.

일본은 1592년 임진년에 조선을 침략했습니다. 바로 그 유명한 '임진왜란(壬辰倭亂)'이죠. 당시 일본 집권자인 도요토미 히데요시(豊

도요토미 히데요시

臣秀吉)의 목적은 조선에 있지 않았습니다.

그는 조선을 발판으로 중국까지 점령할 계획이었습니다. 대륙 진출을 오래전부터 꿈꾸었던 그는 임진왜란을 일으키기 전 조선에 "명나라로 쳐들어갈 길을 빌리겠다."라는 통고를 한 적도 있습니다. 하지만 선조와 조선 조정은 이를 무시했죠. 당시 일본은 조선을 관리들의 횡포로 백성들의 삶은 피폐하고, 군사력은 약해 침략 며칠 만에 충분히 점령 가능한 나라로 보았습니다. 하지만 이순신 장군을 비롯한 뛰어난 군사 인재와 의병으로 나선 민중의 반격으로 그들은 결국 조선 점령 및 대륙 진출에 실패하고 맙니다. 7년이나 이어진 이 전쟁으로 조선의 전 국토는 폐허가 되다시피 했으며 수많은 조선인이 목숨을 잃어야 했습니다.

이후로도 일본은 계속 조선 침략의 기회만 엿보았습니다. 그러던 중 1894년에 조선에서 갑오농민전쟁(동학농민운동)이 일어났습니다. 갑오농민전쟁은 착취에 시달리던 농민들이 분연히 일어나 지배층을 상대로 싸운 민중운동이었습니다. 조선 조정은 군대까지 동원해 농민군을 진압하려 했지만 여의치 않자 청나라에 도움을 요청합니다. 조선의 지배층이 자국민을 굴복시키고자 청나라라는 외세의 힘을 빌린 것이었습니다. 그런데 일본이 이 일을 빌미로 삼아 조선으로 들어와 경복궁을 침탈하고 강압적으로 친일 내각을 구성해 버렸습니다. 뒤이어 그들은 한반도와 중국 동북 지방에서 중국(청나라)과 청일전쟁을 일으켰습니다. 1894년 7월에 시작해 1895년 4월에 끝난 청일 전쟁의 승자는 일본이었습니다. 당시 일

1894년 청일전쟁 평양전투. 1894년 9월 15일, 일본군은 평양을 습격하여 청나라 군대를 항복시켰다. 평양 전투 이후 일본은 조선의 내정에 간섭하였고, 조선의 물자와 노동력이 일본군에게 제공되었다. 이로부터 농민 봉기가 발생하였다. (평양 전투, 미즈노 도시가타의 판화)

본은 한국이나 중국보다 앞서 서양 문물을 받아들였고, 더 발전된 군사력과 성능 좋은 무기를 가지고 있었습니다.

청일전쟁 직후 맺은 시모노세키(下關條約) 조약에서 패전국이었던 중국은 자국의 영토인 댜오위다오를 일본에 넘겨주게 되었습니다. 또 이 조약엔 '일본의 조선에 대한 지배권 확립'이라는 조항까지 들어 있었습니다. 조선의 주체성을 무시한 채, 두 강대국이 우리나라를 주고받은 셈이었습니다.

일본은 시모노세키 조약으로 빼앗은 댜오위다오를 센카쿠 열도로 이름 짓고, 오키나와 담당하에 두었습니다. 센카쿠 열도는 다섯 개의 무인도와 세 개의 암초로 이루어져 있습니다. 열도라고 불리는 이유는 섬들이 길게 줄을 지은 모양으로 죽 늘어서 있기 때문입니다. 현재 센카쿠 열도는 일본의 실효 지배하에 있습니다. 실효 지배는 어떤 정권이 특정 지역이나 영토를 관리하고 실제로 통치하는 것을 뜻합니다. 영토 분쟁에서 중요한 건 '현재 누가 그 지역을 실제로 통치 지배하고 있는가' 입니다. 일단 실효 지배의 주체가 그 땅의 주인으로 인정받고 있습니다.

사실 중국은 센카쿠 열도를 돌려받을 기회가 있었습니다. 제2차 세계대전이 끝난 1945년 일본은 패전국이 되었습니다. 당시 패전국은 다른 나라에서 빼앗은 땅을 토해내야 했는데 센카쿠 열도 역시 그러한 영토 중 하나였습니다. 그런데 이 열도를 제2차 세계대전의 승전국인 미국이 센카쿠 열도가 포함된 오키나와의 위임 통치를 맡게 되었습니다. 위임 통치는 강대국이 식민지나 점령지를 일정 기간 그들의 권한에 두고 통치하는 것을 말합니다. 중국은 미국의 위임 통치 아래에 있는 센카쿠 열도에 대한 소유권을 주장했습니다. 하지만 일본은 센카쿠 열도는 원래 주인이 없는 섬이기 때문에 중국이 소유권을 주장할 근거도 없다고 했습니다. 이에 대해 중국은 1372년 명나라 홍무제가 댜오위다오(센카쿠 열도)를 발견했으며, 1403년 출판된 『순풍상송(順風相送)』에도 댜오위다오(센카쿠 열도)에 대한 기록이 있다고 맞받아쳤습니다. 또한 17세기까지 류큐(琉球)왕국으로 불렸던 독립국가였으며, 당시 항해 표지에도 댜오위다오(센카쿠 열도)로 기록된 역사를 근거로 들었습니다. 하

센카쿠 열도

지만 일본은 이러한 기록은 중국의 입장일 뿐 믿을 수 없다고 주장하며 1879년 메이지 정부가 오키나와현에 정식 편입시켰습니다. 샌프란시스코 강화조약으로 일본 정부가 타이완과 펑후 제도를 포기하였음에도 이 군도를 미국이 오키나와의 관할 안에 두고 통치한 것은 타이완이 아닌 류큐 제도의 부속 도서이기 때문입니다. 1972년 오키나와현이 미국에서 일본으로 반환될 때 이 섬들도 류큐제도와 같이 반환되었습니다. 무엇보다 일본은 센카쿠 열도는 시모노세키 조약을 통해 합법적으로 가져온 영토이기에 절대 돌려줄 수 없다고 대응하고 있습니다. 그렇게 센카쿠 열도를 둘러싼 분쟁은 오늘날까지 이어지고 있습니다.

센카쿠 열도의 바닷길은 어느 나라 것인가?

센카쿠 열도 분쟁에 뛰어든 국가는 중국과 일본뿐 아니라 대만도 있습니다. 삼각관계가 아니라 사각관계인 셈입니다. 이 국가들이 센카쿠 열도를 탐내는 것에는 여러가지 이유가 있습니다. 먼저 센카쿠 열도를 차지한 국가가 더 넓은 영해(바다)를 가질 수 있기 때문입니다. 국가의 3요소 중 하나인 영토는 단지 육지의 땅만을 의미하진 않습니다. 하늘과 바다도 포함됩니다. 이를테면 우리나라 영토 위의 하늘은 다 우리 하늘입니다. 이것을 영공이라고 합니다. 다른 국적의 비행기가 서울 하늘을 지나가려면 우리 정부의 허락을 받아야 합니다. 우리 영토에서 22km 안에 있는 바다는 우리 영해가 됩니다. 만약 본토에서 꽤 떨어진 곳에 섬이 있으면 그 섬에서부터 22km 안의 바다까지 우리의 영해가 될 수 있습니다. 그러니까 섬이 우리 것이냐 아니냐에 따라 영해를 더 많이 차지할 수도 있고, 그렇지 못할 수도 있습니다. 영해 위의 하늘 또한 그 나라의 영공에 들어 있기에 더 넓은 하늘을 가질 수 있게 되는 것입니다.

넓은 영해는 그만큼 넓은 바닷길을 확보해줍니다. 바닷길은 바로 무역에 꼭 필요한 해상 교통로입니다. 무역선, 유람선 등 일반 배는 자국의 영해가 아니어도 다닐 수는 있습니다. 다른 나라 영해의 안보와 질서를 해치지 않는 한, 바닷길 이용에 큰 규제는 없습니다. 이는 국제적 관례이지만 군함이나 잠수함 등은 타국의 영해를 함부로 다닐 수 없습니다. 동중국해에 있는 센카쿠 열도는 중국이 태평양에 진출하려면 꼭 필요한 군사 요충지입니다. 때문에 중국은 이 열도를 자국의 영토로 편입시키고자 하는 것입니다.

마지막으로 바다의 자원 확보를 들 수 있습니다. 센카쿠 열도는 식수와 경작지가 없기에 사람이 살기 힘든 무인도지만, 인근 바다는 고등어나 날치 등이 풍부해 중국 어부들이 이곳에서 고기를 잡아왔습니다. 그런데 일본 영토로 편입된 후 센카쿠 열도 주변 어장으로 가는 것이 법적으로 금지되어 버렸습니다. 이는 국제사회의 약속입니다. 자국의 영해가 아닌 곳에선 고기를 잡을 수 없게 되어 있는데도 중국 어선은 종종 센카쿠 열도 주변 바다까지 진출해 일본 정부와 갈등을 겪고 있습니다.

이처럼 영토 분쟁은 단지 더 넓은 땅을 확보하는 것 이상의 의미가 있습니다. 그런데 주목할 만한 사실은 1960년대 후반까지만 해도 중국은 센카쿠 열도에 대한 영유권을 적극적으로 주장하지 않았다는 것입니다. 중국이 이 열도에 관심을 보이기 시작한 것은 대만이 센카쿠 열도의 영유권을 주장한 후였습니다.

대만은 오래전부터 독자적인 섬나라로 1875년에 중국 영토로 편입되었습니다. 그로부터 70년 후, 청일전쟁에서 진 중국은 시모노세키 조약에서 센카쿠 열도뿐만 아니라 대만까지 일본에 넘겨야 했습니다. 중국이 다시 대만을 돌려받은 건 1945년입니다. 하지만 중국의 장제스 장군이 그의 지지자들과 대만으로 넘어간 후,

중국으로부터 독립하고 독자적인 국가를 세웠습니다. 하지만 중국은 대만의 독립을 인정하지 않고 있으며, 오늘날까지 대만을 자국의 영토라 주장하고 있습니다.

대만이 센카쿠 열도의 영토권을 주장하자 중국은 "대만은 중국 땅이니, 센카쿠 열도 역시 중국 땅이야."라고 말하며, 본격적으로 센카쿠 열도 찾기에 돌입하게 된 것이었습니다. 중국이 본격적으로 뛰어든 후에 센카쿠 열도 분쟁의 주요 갈등 주체는 대만과 일본에서 중국과 일본으로 바뀌게 되었습니다.

알고 보니, 센카쿠 열도는 보물섬이었다!

1968-1969년 UN 아시아 극동경제위원회(ECAFE, Economic Commission for Asia and the Far East)의 아시아 연안지역 광물자원 공동개발조정위원회(CCOP)는 동중국해 일대를 조사해 이 곳에 천연가스와 석유가 대규모로 매장되어 있다는 보고서를 발표했습니다. 천연가스와 석유는 현대 사회에서 없어서는 안 되는 것들입니다. 특히 석유는 등유, 가스유, 윤활유의 원료로 사용되고 있습니다. 자동차, 전철, 기차, 배, 비행기 등은 석유를 원료로 움직이고, 섬유, 플라스틱, 의약품 등도 석유를 정제하여 가공해서 만든 것들

입니다. 만약 석유가 없다면 현대 사회는 그대로 멈추고 말 것입니다. 그래서 석유를 가진 국가와 그렇지 못한 국가는 경제적 출발선에서부터 차이를 가집니다. 2004년 7월 동해-1 가스전 상업생산으로 우리나라도 세계 95번째 산유국 반열에 올랐습니다. 이후 천연가스와 초경질유를 생산해 자원수입 대체 효과를 거두고 있습니다. 석유가 많이 나는 국가는 흔히 산유국이라 하는데 대표적인 산유국으론 미국, 사우디아라비아, 이란 등이 있습니다. 그런데 이처럼 중요한 자원인 석유가 센카쿠 열도 일대에 매장되어 있으니 센카쿠 열도는 그야말로 보물섬이었던 셈이었습니다.

센카쿠 열도

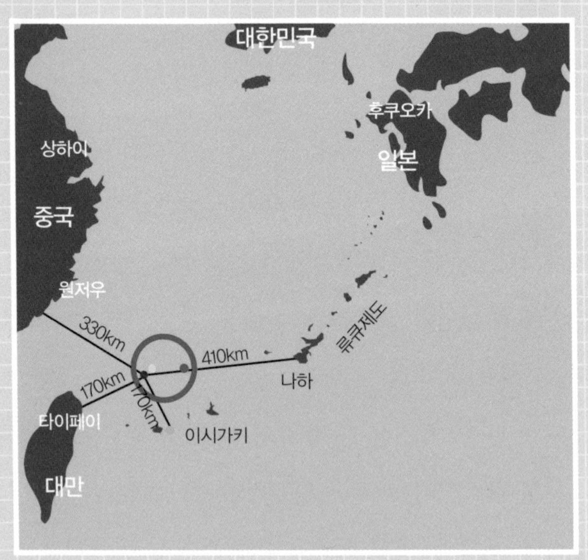

일본의 행정 구역상 이 열도는 오키나와현 이시가키시에 속하며 중국의 행정 구역상 타이완 성에, 대만의 행정 구역상 타이완성 이란현에 속한다.

중국은 이 발표 이후 미국에 센카쿠 열도를 돌려달라고 항의하는 한편, 일본엔 센카쿠 열도가 자국 땅임을 계속 주장해왔습니다. 그런데 미국은 1971년, 센카쿠 열도가 편입된 오키나와 통치권을 일본에 넘겨 버렸습니다. 이때부터 센카쿠 열도는 일본의 실효 지배 아래에 들어간 것입니다. 이후 일본은 센카쿠 열도 주위를 감시하는 해양 순시선을 배치하고, 다른 국적의 배가 센카쿠 열도 영해로 들어서지 못하게 감시해왔습니다.

하지만 중국은 이를 인정하지 않습니다. 1995년엔 해양 조사선을 보내 센카쿠 열도 주변 바다의 자원을 탐사하거나 동중국 해역 북서쪽에서 군사 훈련을 하는 등의 행위로 일본을 긴장시켰습니다. 이에 일본 정부는 중국에 항의했고, 몇몇 일본 시민 단체는 중국을 상대로 시위를 펼쳤습니다. 그러자 중국인들의 반감은 더욱 커졌습니다.

그러던 중 두 국가의 갈등에 불을 붙이는 사건이 2010년 9월에 발생했습니다. 중국의 한 어선이 일본 순시선과 충돌했고, 일본 순시선은 그 즉시 중국 어선을 나포하고 선장을 구속해 버렸습니다. 이전에도 중국 어선은 센카쿠 열도 일대의 바다를 수시로 들락날락하며 고기를 잡곤 했습니다. 일본은 중국 어선에 경고만 할 뿐 별다른 조치를 하진 않았습니다. 이는 중국과 일본의 암묵적인 약속이었는데 일본은 이전과는 달리 어선을 나포하고 선장을 17일 동안이나 붙잡아 두었습니다. 이는 곧 중국의 반발로 이어졌습니다.

중국 정부는 일본 정부에 강력하게 항의하는 한편 '동중국해 가스전 개발에 관한 조약 체결 교섭'을 일방적으로 연기해 버렸습니다. 이 조약은 2008년 중국과 일본이 동중국해 분쟁 해역에서 가스전 공동 개발에 나서기로 한 합의였죠. 그런데 어선 나포 사건으로 실무 협상이 중단되었고, 그 후로도 이 조약은 체결되지 못했습니다. 오히려 중국은 2019년 독자적으로 가스전 개발을 감행해 일본 정부의 반발을 사기도 했습니다.

중국 정부는 희토류의 일본 수출도 막아 버렸습니다. 희토류는 '희귀한 흙'이라는 뜻을 가졌지만, 정확하게는 17개의 원소가 합쳐진 광물입니다. 주기율표의 스칸듐(Sc)과 이트륨(Y), 그리고 란타넘(La)부터 루테튬(Lu)까지의 란타넘족 15개 원소를 통칭한 것입니다. 이들을 묶어 희토류로 부르는 이유는 서로 화학적 성질이 유사하고 광물 속에 그룹으로 함께 존재하기 때문입니다. 이름처럼 그렇게 희귀하지도 않습니다. 처음 희토류를 발견할 때만 해도 희귀한 광물이었던 것은 맞지만, 과학 기술의 발달로 사람들은 이 지구에 희토류의 매장량이 꽤 많다는 것을 알게 되었기 때문입니다. 그렇다고 모든 나라가 희토류 생산지는 아닙니다. 희토류 매장량의 1위는 중국입니다.

중국은 전 세계 희토류 매장량 점유율은 37%, 실질적 공급 비중은 90% 이상을 차지하고 있다. 그 뒤를 이은 생산지로는 미국, 호주, 인도 등이 있습니다. 우리나라나 일본에서는 아직 희토류 매장량이 확인되지 않았습니다. 이처럼 희토류에 대한 중국 의존

희토류. 주기율표의 17개 화학 원소의 통칭으로, 사진 속 원소는 각각 란타넘(La), 세륨(Ce), 프라세오디뮴(Pr), 네오디뮴(Nd), 사마륨(Sm), 가돌리늄(Gd)이다.

율이 상대적으로 높은 것에는 생산 과정에서 엄청난 환경오염을 유발하는 점도 작용한 것입니다.

희토류는 열과 전기가 잘 통하는 특성이 있습니다. 스마트폰, 디스플레이, 전기 자동차 등을 만들 때 꼭 필요한 광물이죠. 희토류를 쓰지 않고서는 이러한 제품을 만들 수 없습니다. 그래서 희토류는 석유처럼 다른 국가를 상대로 위협할 수 있는 자원 무기 중 하나입니다. 중국이 희토류의 일본 수출 금지 카드를 꺼낸 것은 일본을 압박하기 위해서였습니다. 일본은 전자 제품을 만들어 수출하는 국가였으니까요. 희토류를 수입하지 못할 경우, 일본 경제는 크게 흔들릴 수밖에 없습니다.

중국 국민의 반일 시위도 일본 경제에 큰 부담이었습니다. 대대적인 일본 제품 불매 운동이 펼쳐졌고, 몇몇 시위자들은 일본 기업 건물에 불을 지르기도 했습니다. 중국 내 반일 분위기가 거세지자 일본은 중국인 선장을 석방하는 것으로 백기를 들었습니다. 하지만 이 일은 두 국가의 외교 관계나 국민 정서에 부정적인 영향을 미쳤습니다.

센카쿠 열도, 돈을 주고 사겠소!

2012년 4월 당시 일본 도쿄도 도지사 이시하라 신타로石原慎太郎는 미국 워싱턴에서 "중국이 일본의 실효 지배를 인정하지 않고 과격한 움직임을 보입니다. 일본 정부가 매입했으면 좋겠지만, 그러지 않으니 우리 도쿄도가 센카쿠를 지킬 것입니다."라고 센카쿠 열도 중 3개 섬의 매입 계획을 밝혔습니다. 센카쿠 열도 5개 섬 중 3개는 일본 민간인이 소유하고 있습니다. 그러니까 미국이 센카쿠 열도 통치권을 일본 정부에 넘겨준 후, 일본 정부는 3개의 섬을 일본 민간인에게 돈을 받고 넘긴 것입니다.

일본 정부는 왜 이시하라 도지사의 의견을 거절한 것일까요? 정치, 외교, 무역 등으로 얽혀 있는 중국과의 관계 때문이었습니다. 한편 이시하라 도지사는 센카쿠 매입 캠페인까지 펼쳐 약 210억 원을 모금하는 등 적극적으로 열도 매입 움직임을 보였습니다. 이에 중국 정부는 발 빠르게 반발의 메시지를 냅니다. "댜오위다오와 주변 섬들은 중국 고유 영토이며, 중국 정부는 이에 대해 당연한 주권을 행사할 수 있다." 중국의 각종 언론 매체는 "일본이 중국의 주권을 침해했다.", "일본이 약은 수를 쓴다." 등의 비난 목소리뿐 아니라 "극단적인 조치도 불사해야 한다."는 강력한 보복 조치를 자국 정부에 요구하기도 했습니다. 중국의 반발이나 비난과 상관없이 이시하라 도지사는 결국 일본 정부가 센카쿠 열도 매입을 결정하도록 만들었습니다. 2012년 9월 11일, 일본 정부는 섬 소유자에게 약 300억 원을 주고, 세 개의 섬을 매입했습니다. 이로써 센카쿠 열도의 다섯 개 섬 전부 일본 정부의 소유가 되었습니다.

이 사건으로 일본에 대한 중국의 반발은 최고조에 달했습니다. 대대적인 불매 운동이 펼쳐졌을 뿐 아니라, 중국 내 일본 기업 건물은 성난 시위대의 표적이 되었습니다. 일부 시위대는 도요타 매장과 파나소닉 공장에 불을 지르기도 했고, 일본 백화점의 상품을 약탈하기도 했습니다. 이로 인해 일본은 3,600억 달러의 무역 손실을 보아야만 했습니다.

2013년 4월, 중국 외교부 대변인은 센카쿠 열도를 '국가 핵심 이익'으로 규정했습니다. 여기엔 센카쿠 열도가 있는 서쪽 바다를 중국의 앞마당으로 만들어 인도네시아 말루쿠 제도까지 영역을 확대하겠다는 계획이 포함되어 있었습니다. 그해 10월, 중국이 서태평양에서 폭격기와 전함 편대를 동원한 대규모 군사 훈련을 시행하자 일본도 센카쿠 열도가 침략당한 경우를 대비한 '센카쿠 열도 탈환 군사 훈련'으로 맞받아쳤습니다. 중국은 센카쿠 열도를 포기할 생각이 전혀 없습니다. 이는 루캉陸慷 중국 외교부 대변인의 2018년 정례 브리핑에서 고스란히 드러납니다. "중국은 댜오위다오 문제와 관련해 일본이 제기한 어떠한 교섭도 받아들일 수 없다. 댜오위다오와 그 부속 도서가 중국의 고유 영토라는 중국의 입장은 분명하기 때문이다." 현재 진행 중인 센카쿠 열도를 둘러싼 갈등은 앞으로도 그 해결책을 찾기 어려워 보입니다.

중국의 핵심이익

중국은 국가이익을 '핵심이익(核心利益)', '중요이익', '일반이익' 세 단계로 분류합니다. '핵심이익'이란 용어는 2003년을 전후해 중국 지도층에 의해 사용되기 시작했으며, 2011년 중국의 『평화발전 백서』를 통해 구성요소가 공식적으로 규정되었습니다.
중국 칭화대학(清华大学) 옌쉐퉁(阎学通) 교수는, '핵심이익'은 생존이익으로 인민의 생명과 안전, 국가 정치제도와 경제생활의 장기적인 안정과 관련된 이익이라고 정의했습니다. 중국의 '핵심이익'은 미국의 '사활적 이익(vital interests)'과 비슷한 등급의 국가이익으로 전쟁을 치르고서라도 지켜야 할 국가 존망에 치명적인 영향을 주는 이익을 뜻합니다. '핵심이익' 개념은 2003년 1월 19일 당시 미국 국무부장관 콜린 파월Colin Powell과의 회담에서 탕자쉬안唐家璇 외교부장이 대만 문제를 중국의 핵심이익으로 규정한 것이 시초입니다. 중국은 '핵심이익'과 관련해 다음과 같은 외교적 특징을 보여주고 있습니다.
첫째, 지속적으로 '핵심이익' 개념을 공식화하고 있습니다. 중국의 『평화발전 백서』를 통해 공식적으로 규정하고 있으며 시진핑 국가주석이 선출된 시점부터 더욱 강조되고 있습니다. 둘째, '핵심이익'과 관련된 이슈에 대해서는 양보와 타협이 불가능하다는 강경한 태도를 원칙적으로 고수한다는 점입니다. 셋째, 쟁점이 있는 국제적 이슈들을 지속적으로 '핵심이익' 범주에 포함시키고 계속 확대하고 있다는 것입니다.

꼭꼭 짚어 생각 정리하기

가 일본 정부가 매입하기 전 센카쿠 열도 5개 섬 중 3개가 일본 민간인 소유였습니다. 이렇듯 우리나라 한려해상 국립공원에 속한 외도 외도(경남 거제시 일운면 와현리 소재)는 한려해상 국립공원에 속하며 거제도에서 4km 떨어진 곳에 있는 개인 소유 섬입니다. 나라의 일부인 특정 섬 등을 개인이 소유하는 것에 대해 어떻게 생각하나요?

....

....

나 독도는 대한민국의 영토로 우리 정부가 실효 지배하는 땅입니다. 그런데 일본이 자국의 영토라며 돌려달라는 주장을 펼치는 중이죠. 그래서 독도는 한국과 일본의 분쟁 지역처럼 보여지고 있습니다. 그렇다면 독도는 국제 분쟁 지역에 속할까요?

....

....

다 중국 어선이 자주 우리 영해를 침범해 불법 조업을 하는 것은 어민들의 생계를 위협할뿐 아니라 다른 나라의 영해를 침범하는 위법 행위에 속합니다. 이러한 행위에 좀 더 효과적으로 대응하는 방법에는 어떤 것이 있을까요?

....

....

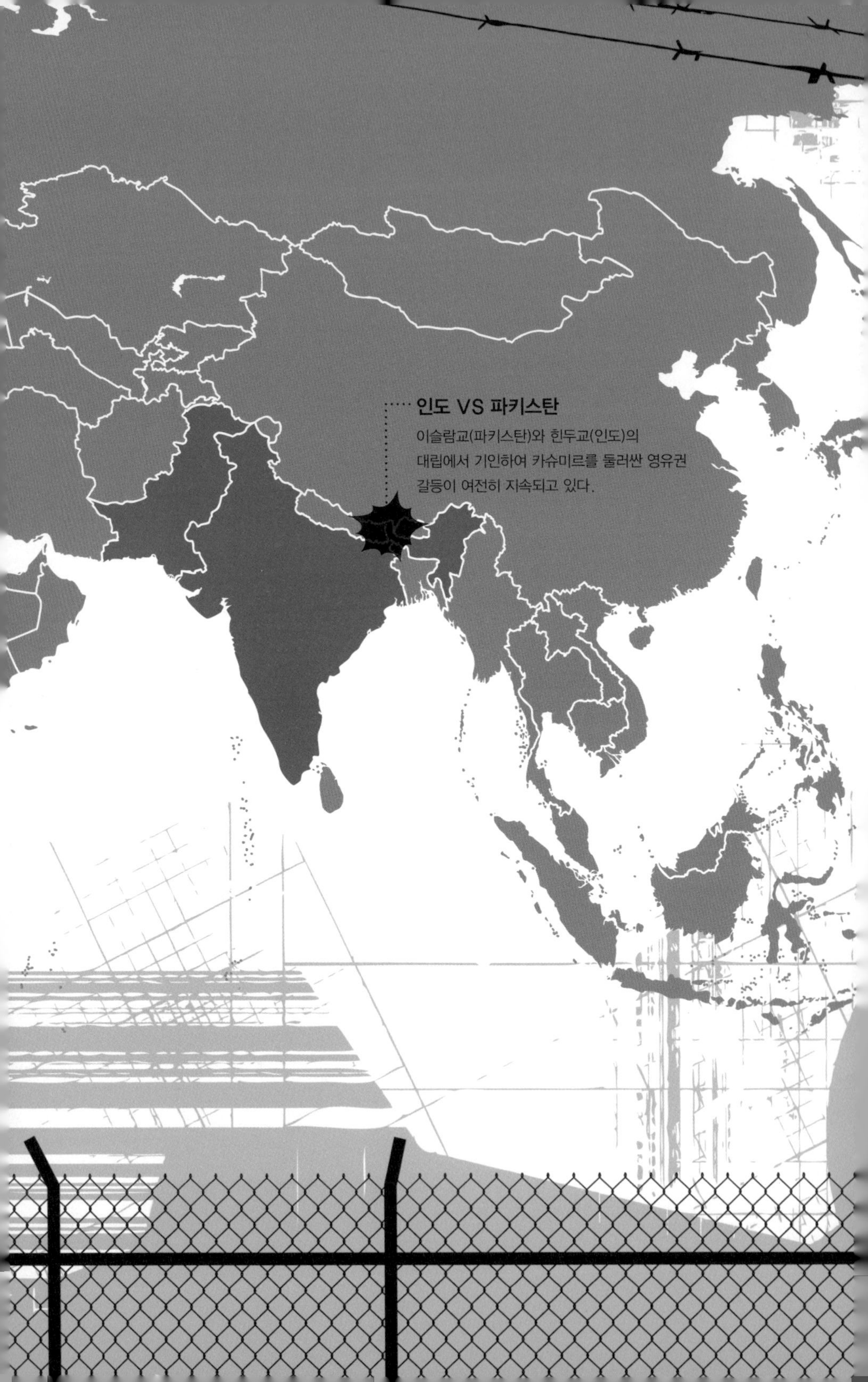

인도 VS 파키스탄
이슬람교(파키스탄)와 힌두교(인도)의
대립에서 기인하여 카슈미르를 둘러싼 영유권
갈등이 여전히 지속되고 있다.

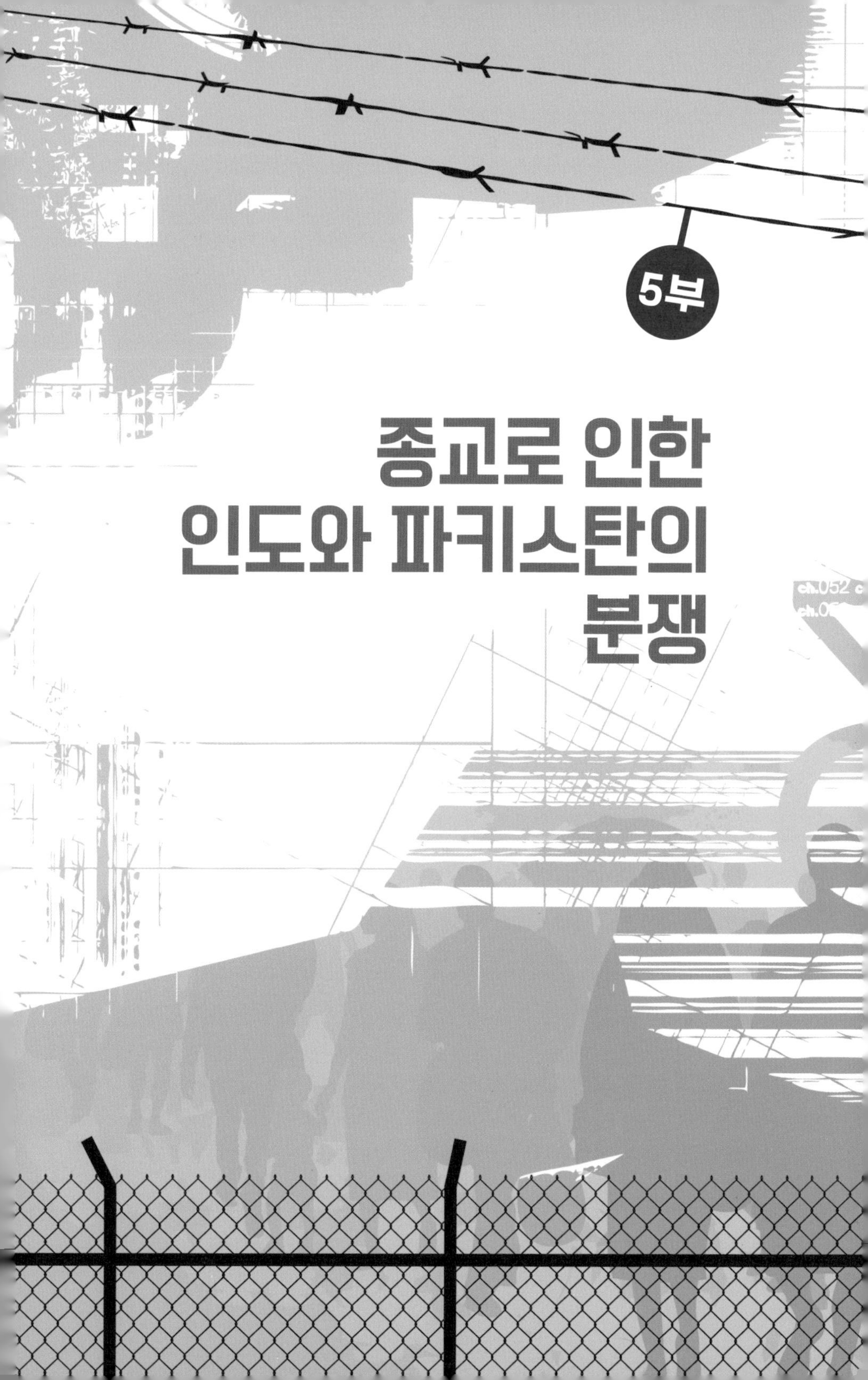

5부

종교로 인한 인도와 파키스탄의 분쟁

인도는 왜 파키스탄을 공격했을까?

2019년 2월 27일 인도는 자국의 공군이 파키스탄을 공습했다고 발표했습니다. 이 공습으로 파키스탄의 훈련 캠프를 파괴했고, 많은 수의 테러리스트들을 죽였다고도 했습니다. 그런데 이상한 일이 발생했습니다. 정작 파키스탄에서는 인도의 공습으로 파괴된 건물은 물론이고, 사상자도 없다는 발표로 맞받아친 것입니다. 하지만 인도 공군이 파키스탄을 공습한 것은 사실이었기 때문에 파키스탄 역시 인도에 "우리도 무력으로 대응하겠다."고 통보했습니다. 이는 파키스탄을 공격한 인도에 대해서 공습으로 인해 파괴된 건물은 없지만 공격을 감행한 것은 사실이니 역시 인도를 공격하겠다는 의미였습니다.

이 일로 인도와 파키스탄은 물론이고 전 세계가 긴장감에 휩싸이게 됩니다. 왜냐하면 인도와 파키스탄 두 국가 모두 150발가량의 핵탄두를 보유한 핵보유국이기 때문입니다. 만약 두 국가가 본격적으로 싸우기라도 한다면 그 파괴력은 상상도 할 수 없을 정도로 클 것이 뻔했습니다. 이에 《뉴욕 타임스》는 "양측이 상황을 통제하는 데 실패하면 위기 상황이 심각해질 수도 있다."라는 내용으로 양 국가의 상황을 우려하는 기사를 내기도 했습니다. 그런데 다행히 전쟁으로까지 이어지지는 않았습니다. 두 국가 모두 진짜 전쟁을 할 생각은 없었던 것이었습니다.

당시 인도는 국내 총선을 앞둔 상황이었습니다. 집권당이 총선에서 이기려면 보수 세력의 표가 필요했는데, 보수 세력의 표심을 얻을 수 있는 비장의 카드로 파키스탄 공격이라는 무리수를 쓴 것이었습니다. 그런데 보수 세력의 표심을 얻는 방법이 파키스탄 공격인 이유는 무엇일까요?

인도의 파키스탄 공습이 있기 며칠 전, 2천 5백 명의 인도 경찰을 태운 차량 행렬을 겨냥한 자살 폭탄 테러 사건이 있었습니다. 이 테러로 총 60여 명의 사상자가 발생하였고, 인도의 파키스탄 공격으로 파키스탄인 무장 병력 200여 명이 사망하였습니다. 당시 인도는 이 사건의 배후로 파키스탄을 지목했었습니다. 그러자 인도의 보수 단체들을 중심으로 파키스탄을 그냥 내버려 두면 안 된다는 여론이 만들어지기 시작했습니다. 집권당인 인도 정부는 이 여론을 의식해 파키스탄에 보복성 공격을 한 것이었습니다. 인도는 파키스탄의 자살 폭탄 테러 사건을 이유로 파키스탄을 공습한 것이었고, 이는 국내의 보복 여론에 응함으로써 보수 세력의 표를 얻으려고 했던 것입니다.

파키스탄 역시 인도와 전면전을 할 의지는 없었습니다. 일단 국내 경제적 사정이 좋지 않은 데다 전쟁을 하면 얻는 것보다 잃

인도-파키스탄 국경선. 흰눈 쌓인 산 속에 인도군 참호가 있다.

는 게 더 많았으니까요. 그런데도 인도를 상대로 싸우겠다는 성명을 발표한 것이었습니다. 이 또한 자국민의 마음을 달래기 위한 보여주기식 행동이었습니다. 인도와 파키스탄은 상대방을 칠 것 같은 시늉을 하고는 슬그머니 주먹을 풀었던 것입니다.

인도의 파키스탄 공습은 48년 만에 일어난 일입니다. 그렇다고 그 전에 이 두 국가가 사이좋은 친구처럼 지냈던 것은 아닙니다. 오히려 감정의 골이 깊게 패 있어 서로 으르렁거리는 사이였습니다. 이 두 국가는 어떤 사연을 가지고 있는 것일까요? 어쩌다 개와 고양이 같은 앙숙 관계가 되었을까요?

인도, 영국의 식민지가 되다

인도는 4천 5백 년 전에 세계 4대 문명 중 하나인 인더스 문명이 발생한 곳입니다. 인더스 계곡을 중심으로 대도시인 하라파와 모헨조다로가 발전했고, 그 외에도 100개가 넘는 도시와 마을이 있었습니다. 이후 마우리아왕조, 굽타왕조, 무굴제국 등으로 발전하게 됩니다.

몽고의 후손인 바부르Babur, 1483~1530가 세운 무굴제국은 1526년부터 1857년까지 331년 동안 지금의 인도와 파키스탄 지역을 통치했던 대제국입니다. 바부르는 몽골인의 후손이지만 이슬람제국 중 하나인 튀르크에서 오래 살았기 때문에 이슬람 문화의 영향을 많이 받은 인물입니다. 그래서 그가 인도에 세운 무굴제국의 종교는 힌두교가 아닌 이슬람교였습니다. 힌두교 국가인 인도에 이슬람이 대거 진출하고 정치적으로나 사회적으로 우위를 점하게 되자, 인도는 민족 갈등과 종교 갈등에 휩싸였습니다. 서로의 종교를 인정하기도 힘들뿐더러, 힌두교도에게 이슬람교도는 그들의 땅을 침략해 지배하고 있는 것에 불과했으니까요. 15세기 후반의 인도 무굴제국은 이슬람교와 힌두교의 대립과 반목으로 균열이 심하게 가 있는 상태였습니다.

한편 이 시기 유럽의 여러 국가는 큰돈을 투자해 탐험가들을 바다로 내보내는 데 몰두했습니다. 그들에겐 탐험이지만, 그들이

도착한 땅의 사람들 입장에서는 침략이었습니다. 유럽인들이 다른 대륙의 다른 땅을 탐험하려 했던 이유는 오로지 그 땅의 자원을 빼앗고 원주민을 노예로 부리기 위해서였습니다. 그런 유럽인에게 포착된 인도는 넓은 땅과 풍부한 자원을 가진 기회의 땅이었습니다. 당시 유럽인들 사이에선 인도에서는 황금이 모래보다 흔하다는 소문이 돌 정도였습니다. 그렇기에 인도를 자국의 식민지로 만드는 국가는 그야말로 보물찾기의 승자가 되는 것이었습니다. 그래서 유럽의 여러 국가들은 인도를 침략해 식민지화할 기회만 엿보았습니다. 아메리카 대륙을 발견한 것으로 유명한 콜럼버스도 마찬가지였습니다. 스페인의 이사벨 여왕의 투자로 배를 구하고 첫 항해에 나선 콜럼버스의 목적지는 인도였습니다. 그는 이사벨 여왕에게 "인도의 보물을 내가 찾아 주겠습니다."라고 장담했었습니다. 오랜 항해 끝에 바하마 제도의 산살바도르섬에 도착하고서는 "인도에 도착했어."라고 기뻐했습니다. 하지만 바하마는 인도가 아니라 북아메리카 카리브해에 있는 섬나라였습니다.

인도를 식민지로 만드는 데 성공한 것은 영국이었습니다. 영국 정부는 인도의 식민지화를 위한 첫 번째 단계로 동인도 회사부터 만들었습니다. 1611년 창립된 동인도 회사는 표면적으로는 무역회사지만 실질적으로는 영국 정부의 경영 대리인이었습니다. 동인도 회사는 영국 정부의 지시하에 인도의 정치, 경제, 영토 등 거의 모든 분야에 걸쳐 그들의 세력을 넓히는 일에 몰두했습니다. 이들의 '인도 먹기 작업'은 매우 체계적이고 더할 나위 없이 꼼꼼했습

영국의 인도 정복 과정

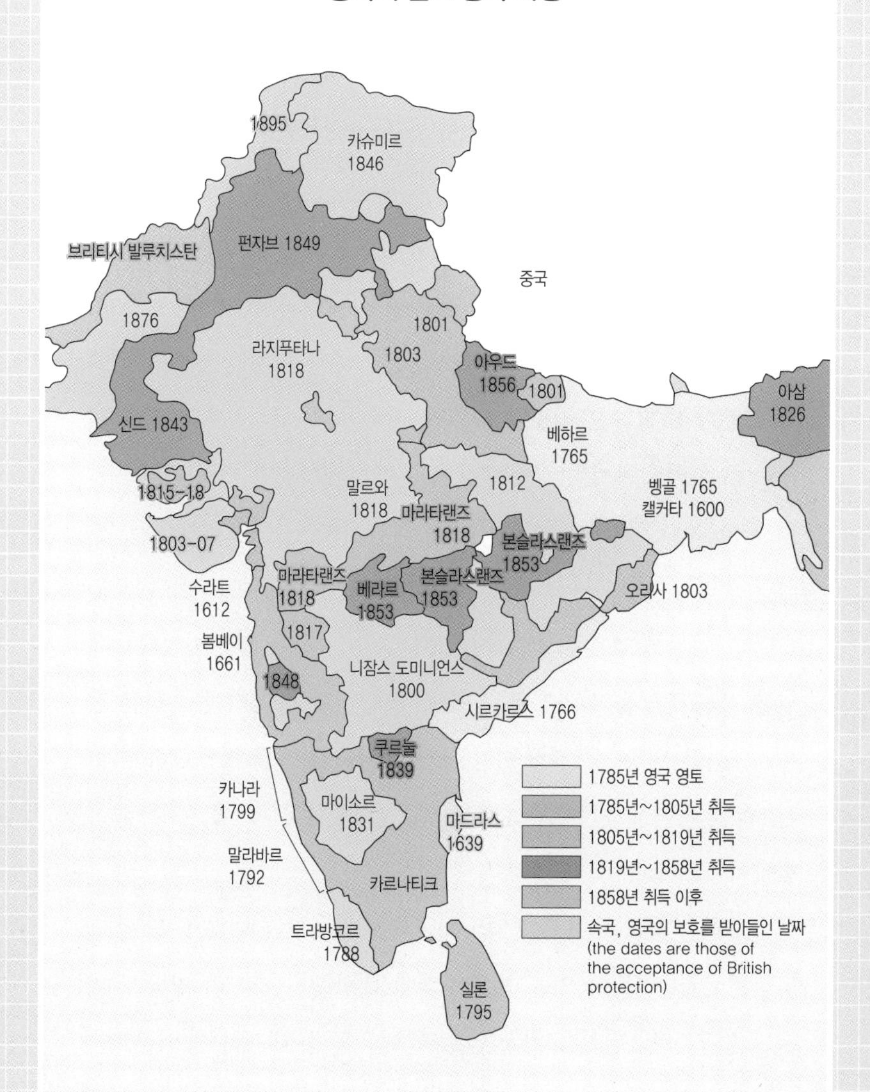

1895
카슈미르
1846
브리티시 발루치스탄
펀자브 1849
중국
1876
1801
라지푸타나
1818
1803
아우드
1856
1801
아삼
1826
신드 1843
베하르
1765
1812
1815–18
말르와
1818
마라타랜즈
1818
벵골 1765
캘커타 1600
1803–07
본슬라스랜즈
1853
수라트
1612
마라타랜즈
1818
베라르
1853
본슬라스랜즈
1853
오리사 1803
1817
봄베이
1661
1848
니잠스 도미니언스
1800
시르카르스 1766
쿠르눌
1839
카나라
1799
마이소르
1831
마드라스
1639
말라바르
1792
카르나티크
트라방코르
1788
실론
1795
1785년 영국 영토
1785년~1805년 취득
1805년~1819년 취득
1819년~1858년 취득
1858년 취득 이후
속국, 영국의 보호를 받아들인 날짜
(the dates are those of
the acceptance of British
protection)

니다. 이들은 군인을 앞세워 인도로 들어섰지만, 그 뒤에는 역사학자, 인류학자, 문헌학자, 동물학자 등 각 분야의 전문가가 따랐습니다. 인도의 역사, 언어, 인종 구성, 동물, 생태 등 거의 모든 분야에 걸쳐 연구하고, 그것을 근거 자료로 사용해 인도를 완벽하게 지배하기 위해서였습니다.

이를테면 영국의 문헌학자 윌리엄 존스William Jones가 인도어와 유럽어의 뿌리가 고대 단일 언어라는 것을 밝혀낸 후에는 인도인에게 이렇게 말했습니다. "너희와 우리는 형제일 수 있어. 우리 둘이 쓰는 언어의 뿌리가 같은 것을 보면 오래전에 헤어진 형제인 셈이지. 그런데 너희가 우리보다 뒤처진 것 같아 마음이 안 좋네. 우리가 너희를 지배해서 발전시켜 줄게."

당시 유럽 국가는 다른 나라를 식민지로 만드는 과정에서 '발전된 우리가 미개한 너희를 도와주려는 거야.' 같은 이론을 내세웠습니다. 이를 고스란히 배워 실행에 옮겼던 것이 일본이었습니다. 일본 역시 조선을 식민지로 지배하는 동안 계속 이러한 논리를 활용해 왔습니다. 이는 제국주의 국가가 식민 지배를 정당화하는 한편, 식민 지배를 받는 민족에게 열등감을 심어주기에 아주 좋은 전략이었습니다.

1859년, 인도는 완전한 영국의 식민지가 되었습니다. 수많은 인도인은 우리 민족이 일본 제국주의에 대항했던 것처럼 영국에 맞서 독립운동을 펼쳤습니다. 인도 독립운동을 대표하는 인물로는 마하트마 간디Mahatma Gandhi가 있습니다. 그는 비폭력 저항으로 인도

모한다스 카람찬드 간디(Mohandas Karamchand Gandhi, 1869.10.2 ~ 1948.1.30)
인도의 정신적, 정치적 지도자로 마하트마 간디라는 이름으로 널리 알려져 있는데 '마하트마'는 위대한 영혼이라는 뜻으로 인도의 시인인 타고르가 지어준 이름이다.

의 독립을 끌어내고자 했습니다. 하지만 영국은 1919년 민중 탄압법인 '롤럿법(Rowlatt Acts)'까지 만들어 영국에 저항하는 인도인을 무자비하게 탄압했습니다. 그리고 축제를 즐기러 나온 사람들을 남녀노소 불문하고 총으로 쏘아 죽이는 사건도 발생했습니다. 당시 죽은 이들은 천 명이 넘었고, 감옥에 갇힌 이들은 2만 명이 넘었습니다. 이로 인해 인도인의 영국에 대한 반감은 더 극심해졌습니다. 이후로도 수많은 인도인의 저항과 희생이 인도 독립운동의 역사를 만들어 나갔습니다. 한편, 제2차 세계대전이 끝나는 것과 동시에 영국을 비롯한 제국주의가 몰락하게 되었습니다. 이는 인도의 독립을 더 빨리 앞당기는 계기였습니다. 1948년, 인도는 100년 가까운 식민 지배에서 벗어나 독립 국가로 우뚝 서게 되었습니다.

그런데 인도의 독립은 완벽하지 않았습니다. 인도가 독립되기

1년 전 영국 정부가 이슬람교를 믿는 인도인을 힌두교를 믿는 인도인과 분리하는 정책을 실행했기 때문입니다. 식민 지배 당시 영국은 무굴제국에서 위력을 떨쳤던 이슬람교도들보다 힌두교도들에게 더 많은 기회를 제공해 왔습니다. 그렇지 않아도 두 종교는 대립 관계였는데, 영국의 차별 정책으로 갈등의 골이 더 깊어져 버렸습니다. 두 종교의 크고 작은 충돌이 잦아지자, 영국 정부는 식민지의 안정을 확보하고자 분리 통치를 펼쳤습니다. 힌두교를 믿는 사람들과 이슬람교를 믿는 사람들을 각각 다른 땅에서 살도록 분리해 버린 것이었습니다. 이는 독립 후에도 고스란히 이어져 인도와 파키스탄이라는 두 개의 국가로 나누어지게 되었습니다.

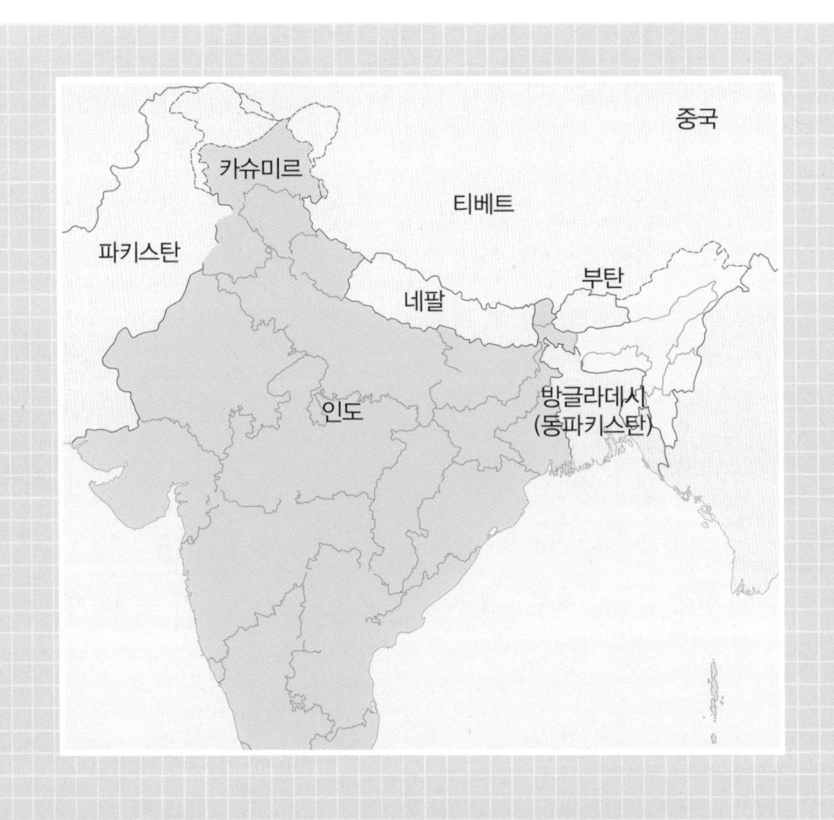

이슬람교도가 세운 독립 국가, 파키스탄

이슬람교도들은 1947년 영국으로부터 독립 후 그들의 나라인 파키스탄을 세웠습니다. 그런데 파키스탄은 다시 두 개의 나라로 분리됩니다. 하나는 파키스탄, 다른 하나는 방글라데시입니다. 인도는 독립 후, 인도, 파키스탄, 방글라데시로 나뉘게 된 것입니다.

이는 당시 제국주의 국가였던 영국의 분리 정책의 결과로만 설명할 수는 없습니다. 제2차 세계대전이 끝난 후, 세계엔 '민족주의' 바람이 불었습니다. 유럽 열강들이 유럽을 제외한 거의 모든 대륙을 식민지화하기 전만 해도 사람들에게 '민족'에 대한 인식은 그렇게 크진 않았습니다. 그런데 식민지 시대의 경험은 민족의 중요성을 일깨워 주었습니다. 다른 민족에게 탄압받고, 살해당하고, 민족의 문화가 말살되는 과정을 겪으면서 우리 민족의 힘을 키우고 우리 민족의 국가를 만들어야 한다는 의식이 꽃피기 시작합니다. 이처럼 민족을 하나의 공동체로 인식해 다른 민족과 구별 짓는 것을 '민족주의'라 합니다.

민족주의는 개인보다는 민족 그리고 국가를 중심에 놓습니다. 우리 민족과 다른 민족을 구분 짓기 때문에 다른 민족이나 국가에 배타적인 성향이 강합니다. 또한 민족주의는 새롭게 국가를 형성하는 민족에게 공동체 의식을 심어주고, 제국주의에 대항하는 원동력이 되어주기도 합니다.

파키스탄은 이러한 물결 속에서 하나의 국가를 만들었습니다. 다만, 파키스탄은 전형적인 민족주의 국가처럼 하나의 민족이 하나의 국가를 형성했던 것은 아닙니다. 파키스탄은 인도에서 분리된 만큼 다민족으로 구성되어 있습니다. 이들을 묶는 가치는 이슬람교라는 종교였습니다. 오늘날 민족주의는 세계화라는 큰 강줄기 안에서 그 입지를 잃고 있습니다. 반면 종교는 여전히 각 나라에서 아주 강력한 힘을 발휘하고 있습니다. 종교가 그 힘을 잃는 일은 아마 없을 것입니다. 종교적 성향이 강한 민족에게 종교는 단지 믿음의 문제가 아니라 그 민족의 문화, 관습, 예술, 질서, 법 등 모든 부분에 녹아 있는 삶 그 자체이기 때문입니다. 기독교가 주류인 유럽은 기독교적 문화와 사고방식이 스며 있고, 이슬람교가 주류인 중동은 이슬람교적 문화와 사고방식이 스며 있는 것입니다.

종교는 역사적으로 사람들을 국가라는 하나의 집단 안에 묶어둘 수 있는 가장 강력한 힘입니다. 앞서 유대인들과 팔레스타인인의 분쟁에서도 보았듯이, 유대인들은 나라 없이 2천 년을 떠돌아다니면서도 유대교라는 종교의 힘 아래에 뭉쳤습니다. 만약 이들이 유대교라는 종교를 가지고 있지 않았다면, 오히려 유럽 사회에 자연스럽게 스며들었을 것입니다. 또한 하나의 신만을 믿는 일신교는 대체로 다른 종교에 상당히 배타적입니다. 유대교, 기독교, 천주교, 이슬람교 등의 일신교는 다른 종교를 절대 인정하지 않습니다. 기독교 국가인 스페인이 아메리카 대륙의 마야족과 아즈텍족을 정복한 후 가장 먼저 한 일은 그들이 세운 신전을 남김없이 파괴하는 것이었습니다.

이는 인도의 이슬람교와 힌두교의 역사에서도 볼 수 있습니다. 16세기 초, 무굴제국은 인도 북동부 아요디야시에 있는 힌두교 사원을 파괴하고 그 위에 이슬람 사원인 바브리 사원을 건설했습니다. 아요디야시는 라마신의 탄생지로 인도인의 성지고, 라마신은 인도인의 영웅신입니다. 인도 독립운동가였던 간디가 죽기 전 마지막으로 남긴 말이 "오, 라마신이여!"였을 만큼 인도인들에게 라마신은 중요한 신 중 하나입니다. 오늘날 인도의 가장 큰 축제 중 하나인 디왈리 축제에서도 북부 지역에선 라마신을 기념하는 행사를 펼치고 있습니다. 그런데 이 라마신의 사원을 무굴제국이 파괴했을 뿐 아니라, 그 위에 이슬람 사원을 건설했으니 힌두교도의 이슬람교에 대한 반감은 굉장히 깊을 수밖에 없었을 것입니다.

400년 전에 일어났던 이 사건은 1992년에 다시 소환됩니다. 힌두교도들이 바브리 사원 정문 앞에 라마신의 사원을 세우기 위해 기초 공사를 한 적이 있습니다. 그러자 인도에 남아 있던 이슬람교도들이 몰려가 힌두교도들을 방해했고, 분노한 힌두교도들은 바브리 사원을 파괴해버렸습니다. 두 종교의 갈등은 무력 사용으로 이어졌고, 이 과정에서 수많은 사람이 목숨을 잃었습니다.

인도 인구의 81%가 힌두교도이지만, 13%에 달하는 사람들은 이슬람교도입니다. 인도 전체 인구가 13억 9300만 명(2021년 기준)이니 이슬람교 신자는 1억 7천 8백 명에 가깝다고 볼 수 있습니다. 이는 한국 인구의 3배를 넘는 수치로 결코 적은 숫자가 아닙니다.

이들은 영국의 분리 정책 당시 인도에 남아 있었던 사람들입니다. 바브리 사원 사건 이후, 이슬람교도들에 대한 인도 정부의 차별과 탄압은 더 극심해졌고, 이에 반발한 이슬람교도들의 저항도 날로 커져만 갔습니다. 1992년엔 강경파인 이슬람교도가 인도 최대 경제 중심지인 뭄바이에 폭탄 테러를 펼쳐 257명이 죽고, 천 4백 명이 다치는 일도 발생했습니다. 이슬람교도들의 잦은 테러, 이에 대한 힌두교도들의 보복성 살인, 인도 정부의 탄압과 차별 등 인도 내 종교 갈등은 오늘날까지도 이어지고 있습니다.

그런데 이 두 국가의 분쟁엔 영국의 책임이 큽니다. 영국의 식민지 통치법은 민족 갈등, 계급 갈등, 인종 갈등, 종교 갈등을 건드려 식민지 사람들의 분열을 조장하는 것이었습니다. 이를테면 이슬람인의 재산을 몰수하는 한편 힌두인에게는 정부 관료 자리를 내주는 방식이었습니다. 일본이 바로 이러한 방식을 식민지였던 조선에 그대로 사용했던 것이었습니다. 쉬운 예로 조선인을 괴롭히는 데 맨 앞에서 앞장섰던 것은 '순사(경찰)'였었는데 이들 대부분이 조선인이었습니다. 일본인은 그들의 손에 피를 묻히는 대신 조선인끼리 싸우도록 만들었던 것이었습니다. 영국은 인도에도 바로 이러한 전략을 쓴 것이었습니다. 당시 지배층이었던 이슬람인을 누르고 힌두인을 우대하는 정책을 활용해 두 민족의 갈등을 심화시킴으로써 그들에게 대항하는 세력을 줄이고, 좀 더 손쉽게 식민 지배를 할 수 있었던 것이었습니다.

카슈미르를 차지하기 위한 종교 분쟁

오늘날 인도와 파키스탄 분쟁에서 가장 크게 주목받는 곳은 카슈미르(kashmir)입니다. 카슈미르는 인도와 파키스탄, 아프가니스탄, 중국의 경계에 있는 산악 지대입니다. 전체 면적은 약 22만여 ㎢로 한반도와 비슷한 크기입니다. 그런데 이 지역은 한 국가에 편입되어 있지 않습니다. 세 구역으로 땅이 나뉘어져 있고, 각각 인도, 파키스탄, 중국의 지배를 받고 있습니다.

카슈미르는 히말라야 서쪽 끝 계곡에 위치해 히말라야의 아름다운 경관을 볼 수 있는 곳으로도 유명합니다. 곳곳에 있는 호수와 시원한 기후로 무굴제국 시대엔 왕이 이곳에서 여름을 보내기도 했습니다. 원래 이곳은 힌두 문화의 중심지로 힌두교도들이 살고 있었기에 지배층 대부분이 힌두교입니다. 이슬람교도들이 살기 시작한 것은 14세기 이후였는데, 근대에 들어서는 전체 인구의 80%를 차지하게 되었습니다.

19세기 초엔 시크교도의 지배하에 놓인 적도 있습니다. 시크교는 힌두교와 이슬람교가 혼합된 종교로 인도에서 발생했습니다. 시크교도들은 그들만의 국가를 카슈미르에 건설했던 것이었는데 이는 오래가지 않았습니다. 영국과의 전쟁에서 패배한 시크교도들은 동인도 회사에 귀속되었고, 그 후에는 힌두교도의 지배를 받았습니다. 하지만 오늘날에도 이들은 여전히 인도 사회에서 독립운동을 펼치고 있습니다. 시크교도 중에서도 과격파들은 곧잘 테러를 감행해 왔는데, 1984년 인도 총리였던 인디라 간디를 암살한 것도 이들이었습니다.

인도는 민족 구성이 다양한 만큼 그 종교도 다양해 크고 작은 갈등이 끊이질 않습니다. 세계 4대 문명의 발생지 중 하나로, 세계에서도 가장 일찍 발달한 문명의 역사를 가졌지만, 복잡하고 정리되지 않은 상황들이 인도 사회의 안정이나 평화를 계속 위협하고 있습니다. 아무튼, 카슈미르 역시 인도 상황에 영향을 받아 힌두교도들이 차지했다가 이슬람교도들이 차지했다가 시크교도들이 차지하는 변화를 겪어 왔습니다.

19세기 중반에 카슈미르는 영국의 토후국(土侯國)이 되었습니다. 토후(土侯)란 '영국의 보호 아래 토후국을 지배하던 세습제의 전제군주'의 의미로 토후국은 영국의 직접 통치를 받지 않고 보호국으로 있는 나라를 의미합니다. 당시 토후국의 지배층은 힌두교였는데, 이들은 전체 인구의 20%에 불과했습니다. 나머지 80%는 이슬람교도로 대부분 농사로 생계를 유지했습니다.

1947년, 카슈미르는 어려운 선택 앞에 놓였습니다. 제2차 세계대전 후 영국의 철수로 분리된 인도와 파키스탄 중 하나를 선택해 편입해야 하는 것이었는데 카슈미르의 의견은 둘로 나뉘었습니다. 힌두교 지배층은 인도, 이슬람교 주민은 파키스탄의 편입을 원했습니다. 각자의 종교에 따라 편입을 원하는 나라가 달랐던 것입니다. 그런데 토후왕인 마흐라자 하리 싱Mahraja hari Singh이 카슈미르의 주민 다수가 원하는 파키스탄 편입 대신 인도 편입을 독단적으로 결정해버렸습니다. 이 결정은 1947년부터 1948년까지 벌어진 인도와 파키스탄의 1차 전쟁으로 이어졌습니다.

1차 전쟁은 이슬람교 주민들이 파키스탄의 지원을 받아 카슈미르의 수도 스리나가르(Srinagar) 점령을 시도하는 것으로 시작되었습니다. 토후왕의 지원 요청을 받은 인도는 즉시 카슈미르에 군대를 보냈고, 이들의 전투는 1년 가까이 펼쳐졌습니다. 그 과정에서 수많은 사람이 죽거나 다쳤습니다. UN의 개입으로 1948년 12월에야 정전 협정이 이루어졌습니다. 이때 카슈미르의 60%는 인도, 나머지 40%는 파키스탄이 차지하게 되었습니다.

온갖 분쟁들이 모인 카슈미르의 현실

1차 전쟁이 끝난 후, 카슈미르는 평화를 찾는 듯 보였습니다. 그런데 이 평화는 몇 년 지나지 않아 깨져 버렸습니다. 1965년, 인도와 파키스탄의 2차 전쟁이 발발했습니다. 2차 전쟁은 국제 사회의 압력과 소련의 중재로 비교적 일찍 정전 협정을 맺습니다. 하지만 그 양상은 1차 전쟁보다 더 복잡해졌습니다. 중국까지 끼어들었기 때문입니다. 중국은 파키스탄의 편에 서 있었기에 인도는 파

카슈미르 난민촌의 소녀. 가난과 분쟁으로 정규학교에 다니지 못한다.

키스탄군뿐 아니라 중국군까지 상대해야 했습니다.

1971년 발생한 3차 전쟁은 방글라데시까지 끼어들어 더 복잡한 양상을 띠게 됩니다. 방글라데시는 벵골족이 세운 나라입니다. 벵골족은 BC 1000년경부터 인도의 벵골 지역에서 살았는데, 지역명을 그대로 따 벵골족이라 부릅니다. 이들은 1383년 인도에서 분리되어 독립했지만 1576년 무굴제국에 정복되면서 다시 인도의 통치권 안에 들어가게 되었습니다. 영국 식민지 시절엔 영국의 지배를 받았습니다. 당시 영국은 동벵골을 이슬람교도들이 지배하도록 했는데, 그 이슬람교도들이 훗날 파키스탄을 세웁니다.

인도에서 독립했을 당시 파키스탄은 서쪽엔 서파키스탄, 동쪽엔 동파키스탄으로 구분되어 있었습니다. 서파키스탄과 동파키스탄 사이엔 인도와 네팔이 있어, 나라는 하나지만 두 개의 지역이 따로 떨어져 있는 형태였습니다. 이 두 지역은 언어, 문화, 생활 양식 등 거의 모든 것이 달랐습니다. 벵골족이 주축을 이루는 서파키스탄의 언어는 벵골어였고, 동파키스탄은 벵골족이 주축을 이루고 있었는데, 이들은 중앙정부가 있는 서파키스탄에 자치권을 요구했습니다. 더 나아가 그들만의 독립 국가를 세우기 위해 시위를 했고 게릴라전을 펼치기도 했습니다. 이에 파키스탄 정부는 탄압으로 맞섰고, 이를 피해 수백만 명에 이르는 벵골인이 인도로 피난 가기도 했습니다.

당시 인도는 그 나라로 피난 온 벵골인을 받아줄 경제적 여력이 없었습니다. 그런데도 계속 벵골 난민이 인도로 들어서게 되자 결국 동파키스탄의 독립운동에 개입하게 되었습니다. 1971년 인도와 파키스탄의 3차 전쟁이 발생하게 된 계기가 바로 여기에 있습니다. 1년이나 펼쳐진 3차 전쟁의 승자는 인도였습니다. 이로 인해 인도의 지원으로 동파키스탄은 서파키스탄으로부터 독립해 방글라데시를 세우게 됩니다.

카슈미르 지역은 여전히 인도와 파키스탄의 갈등 지역으로 남아 있습니다. 1980년대 후반엔 그 양상도 더 복잡해졌습니다. 인도령 카슈미르인 잠무카슈미르(Jammu Kashmir)에서 이슬람 세력을 중심으로 분리 및 독립운동이 활발하게 펼쳐졌기 때문이죠. 잠무카슈미르 내에서는 다양한 무장 반군 단체도 생겨나는데, 대표적인 단체로 잠무카슈미르 해방전선(JKLF, Jammu Kashmir Liberation

Front), 히즈불 무자히딘(Hiz-bul Mujahideen) 등이 있습니다. 이들은 대체로 과격한 이슬람교도들로, 테러 등 무력 활동을 펼치기도 했습니다. 그 대표적인 예가 1999년의 카르길 전투와 2008년의 뭄바이 폭탄 테러 사건입니다.

카르길 전투는 이슬람 무장 세력이 잠무카슈미르 카르길을 침공하면서 발생했습니다. 인도와 파키스탄의 4차 전쟁이 시작될 정도로 긴박한 상황이었죠. 다행히 그러한 일은 일어나지 않았지만, 당시 국제 사회는 바짝 긴장했습니다. 카르길 전투 1년 전, 인도와 파키스탄이 핵실험에 성공했다는 발표를 했기 때문입니다. 현재 두 국가 모두 핵탄두를 보유한 핵보유국입니다. 1999년 카르길 전투에서도 그랬지만 이후로도 이들의 무력 분쟁이 발생할 때마다 국제 사회가 긴장하는 것은 바로 이 때문이었습니다.

한편 인도는 러시아와, 파키스탄은 미국, 중국과 우호 관계를 맺고 있습니다. 인도와 파키스탄의 대립이 러시아 대 미국과 중국의 대립으로 확대될 가능성이 있다는 뜻입니다. 특히 중국은 인도령 카슈미르의 아크사이친 지역과 그 밖의 히말라야 영토를 자국의 영토라 주장하면서, 카슈미르 분쟁에 뛰어들었습니다.

지금까지 살펴봤듯이 2019년에 인도가 파키스탄을 공격한 이유에는 이토록 깊게 얽힌 역사적 갈등이 깔려 있습니다. 종교 갈등, 민족 갈등, 영토 갈등, 영국 식민지 시대 차별과 분리 정책으로 인한 갈등까지 국가 간에 가질 수 있는 갈등이란 갈등은 총집합된 것처럼 이 두 민족의 골은 매우 깊습니다.

카슈미르 분쟁 지역: 카슈미르 지방을 둘러싸고 인도, 파키스탄, 중국 세 나라가 영유권을 주장하는 지역 분쟁이다.

양 국가는 2005년 인도령 잠무카슈미르의 스리나가르와 파키스탄령 카슈미르의 무자파라바드를 잇는 버스 노선을 58년 만에 개통하는 것으로 관계 회복을 위해 노력한 적도 있습니다. 그런데 이러한 노력은 분쟁의 실마리를 푸는 길잡이가 되지 못했습니다. 여전히 카슈미르 지역은 분쟁의 땅으로 남아 있으며, 평화를 찾아가는 길은 여전히 어렵고 복잡한 실정입니다.

힌두교의 나라 인도, 이슬람교의 나라 파키스탄

세계에서 제일 인구가 많은 나라는 중국으로 약 13억 9천 8백만 명입니다(2019년 기준). 중국의 국토 면적은 959만㎢로 한반도의 약 44배나 됩니다. 중국 다음으로 인구가 많은 나라는 인도입니다. 인도 인구는 약 13억 6천 6백만 명으로(2019년 기준), 중국 인구보다 2천만 명 정도 더 적지만 국토 면적은 중국의 반도 안 됩니다. 약 328만㎢로 한반도의 약 15배 정도입니다.

인도는 인더스강을 중심으로 인더스 문명을 발전시켰던 나라입니다. 인더스 문명은 세계 4대 문명 중 하나입니다. 4대 문명으론 인더스 문명, 메소포타미아 문명, 이집트 문명, 황허 문명이 있습니다. 인더스 강은 티그리스, 유프라테스강 유역 및 나일강 유역과 함께 인류가 최초로 문명의 단계에 도달하였던 지방입니다. 인더스 강은 인도 북부에서 발원하여 파키스탄을 거쳐 인도양으로 흘러가는 강이며 이 강을 따라 발생한 문명의 유적들이 발견되었습니다.

인더스 문명을 대표하는 고대 유적으로는 모헨조다로가 있는데 당시 많은 사람들이 모여 살았던 도시를 형성하였던 곳이며 구운 벽돌로 만들어진 도시 건축물과 배수 시설, 대욕장 등이 남아있습니다. 또한 테라코타로 만들어진 토우와 청동으로 만든 조각상도 출토되었습니다.

인도는 불교의 발상지이기도 합니다. 불교의 창시자인 부처는 기원전 6세기경 인도 카필라 국의 왕자로 태어났습니다. 하지만 그는 부유한 삶을 버리고 고행을 거쳐 진리를 깨달았습니다. 그 후 불교는

힌두교 브라흐마

힌두교 비슈누

힌두교 시바

중국, 한국, 미얀마 등 아시아의 많은 국가에 전파되었습니다. 하지만 불교의 발상지인 인도에서는 81%의 사람들이 힌두교를 믿고 있습니다. 힌두교의 '힌두'는 인도를 가리키는 페르시아 말입니다. 그러니까 힌두교는 말 그대로 '인도의 종교'라고 할 수 있습니다. 힌두교는 여러 신을 믿는 다신교로 세계에서 가장 오래된 종교 중 하나입니다. 힌두교의 신으로는 브라흐마, 비슈누, 시바 등이 있습니다. 인도에서는 이런 신들을 모신 사원을 도시나 마을 곳곳에서 볼 수 있습니다. 우리에게 익숙한 요가도 힌두교에서 만들어진 것입니다. 힌두교에서는 인간의 본성을 구현하는 수련 방법의 하나로 요가를 발전시켰습니다.

파키스탄은 인도의 북쪽에 있습니다. 한반도의 3.6배에 달하는 크기인 약 79㎢의 영토에 약 2억 2천 명의 인구가 살고 있습니다. 전체 인구의 95%가 이슬람교를 믿고 있으며 국교 역시 이슬람교입니다. 그리고 아리아인, 페르시아인, 무갈인 등으로 그 인종 구성이 다양합니다. 파키스탄의 공용어는 펀자브어로 인구의 50%가 사용하고 있지만, 민족 구성이 다양한 만큼 쓰는 언어도 다양합니다. 인도 역시 마찬가지입니다. 다양한 민족 구성으로 현재 인도엔 800개가 넘는 언어가 있을 정도입니다.

두 국가는 모든 이에게 평등한 교육 환경을 제공하지 못하고 있습니다. 그러다 보니 인도의 문맹률은 50%에 달하고, 파키스탄의 문맹률은 그보다 높은 75%에 달합니다. 또한 두 국가 다 빈부 격차도 극심한 데다 실업률도 높은 편입니다. 그래서 국민 대부분이 경제적 어려움을 겪고 있습니다.

꼭꼭 씹어 생각 정리하기

가 실라르드는 베를린대 시절 아인슈타인의 강의를 듣고 논문을 쓴 제자 겸 동료 물리학자였습니다. 나치 독일이 원자폭탄 제조에 가장 앞서 있다는 소식을 듣고 이에 대한 대책을 마련하게 하고자 루즈벨트 미국 대통령에게 아인슈타인이 발신인으로 서명한 편지를 발송했습니다. 이것이 원자폭탄의 탄생으로 그 후 아인슈타인은 이 편지에 서명한 일을 내내 후회했고, 실라르드 역시 평화주의자 모임 회원으로 반핵 군축을 주장하는 활동을 하였습니다. 아인슈타인의 상대성 이론을 토대로 핵폭탄을 만들게 되었는데, 핵폭탄 사용에 대해 어떤 의견을 가지고 있는지 생각해 봅시다.

....

....

나 인도의 집권당이 총선에서 이기기 위해 보수 세력의 표가 필요했고, 이 보수 세력의 표심을 얻고자 파키스탄 테러리스트 캠프를 공습하는 사건이 있었습니다. 인도 경찰 수십 명이 사망한 자살 테러 이후 발생한 경우로 국제 사회를 긴장하게 만들었습니다. 하지만 이러한 공격의 내면을 보면 정치적 집권을 위한 목적이 숨겨져 있었습니다. 정치적인 이유로 한 나라를 공격하는 행위에 대해 과연 옳은 것인지 생각해 봅시다.

....

....

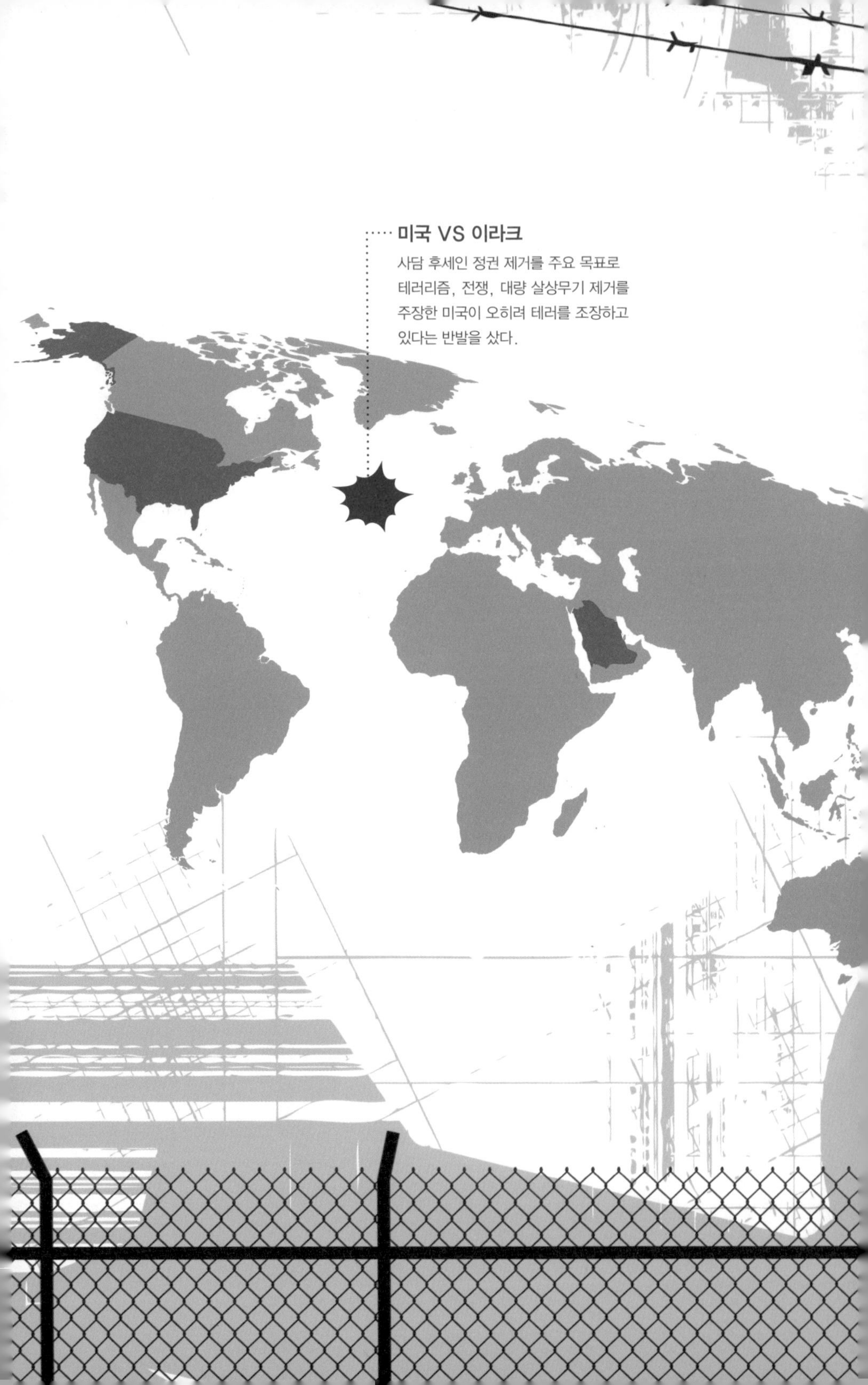
미국 VS 이라크
사담 후세인 정권 제거를 주요 목표로
테러리즘, 전쟁, 대량 살상무기 제거를
주장한 미국이 오히려 테러를 조장하고
있다는 반발을 샀다.

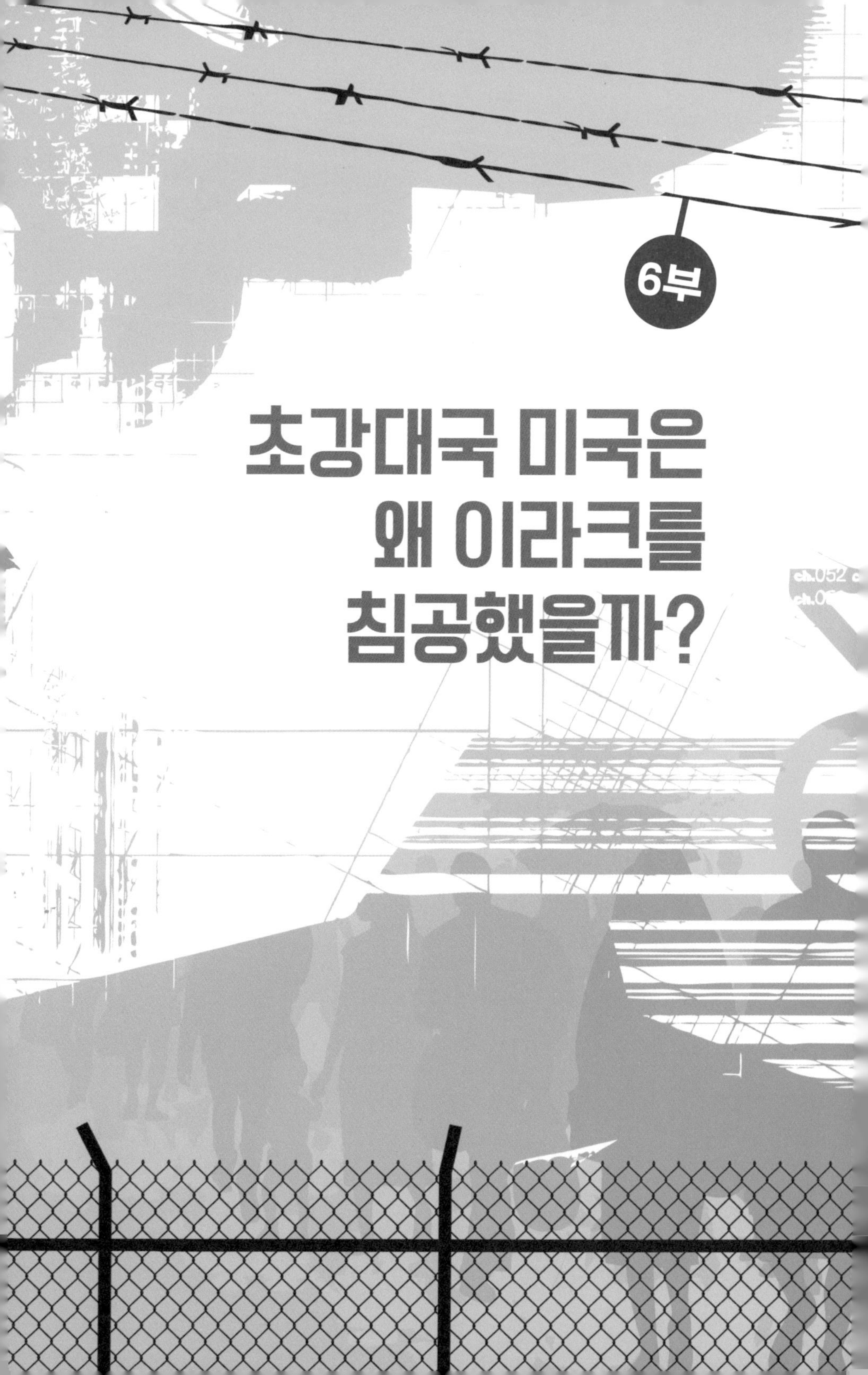

6부

초강대국 미국은 왜 이라크를 침공했을까?

미국 마음대로 정해지는 불량국가

"미국이 재채기하면 세계가 감기에 걸린다."

2007년의 미국 금융 위기 당시, 증권가를 중심으로 이런 말이 나돌았습니다. 세계 경제에 미국의 영향이 그만큼 크다는 뜻입니다. 미국은 1776년 건국된 나라로, 그 역사가 240년도 채 되지 않았습니다. 하지만 오늘날 미국은 세계 최고 강대국이 되었고, 경제뿐 아니라 세계정세를 주도하고 있습니다. 심지어 UN의 법보다 미국의 패권이 더 우위에 있습니다. 이를 가장 잘 보여주는 사례가 미국의 이라크 침공이었습니다. 놈 촘스키Noam Chomsky는 『불량국가』에 당시 UN 대사였던 매들린 올브라이트Madeleine Albright 장관의 말을 인용했는데, 이 말은 미국이 중동 지역을 바라보는 관점이나 태도를 잘 보여줍니다.

"가능하다면 여러 나라와 함께, 그러나 어쩔 수 없다면 단독으로 행동할 것이다. 왜냐하면, 중동 지역이 미국의 국익에 결정적이기 때문이다. 따라서 어떠한 외부 제약도 받아들이지 않을 것이기 때문이다."

미국의 45대 대통령 도널드 트럼프Donald Trump는 아예 대놓고 '미국 우선주의(America First)'를 선언하기도 했습니다. 미국 우선주의는 미국의 이익을 중심으로 모든 정책을 결정하겠다는 것입니다. 사실 미국뿐 아니라 대부분 국가는 자국의 이익을 우선으로 움직입니다. 미국처럼 '미국 우선주의'를 선언하지 않았을 뿐, 자국의 이익을 우선시하지 않는 국가는 없습니다. 하지만 올바른 국가는 대체로 세계 질서나 평화, 다른 국가와의 관계를 최대한 훼손시키지 않는 선에서 자국의 이익을 고려합니다.

미국은 그들이 가진 군사력과 경제력을 도깨비방망이처럼 마음껏 휘둘러 세계 교역 질서를 무너뜨리는 것을 서슴지 않기에 문제가 되는 것입니다. 이를테면, 우방 국가와 맺은 협약을 가볍게 깨트리거나 그들에게 유리한 재협상을 요구하는 식입니다. 상대 국가가 이를 받아들이지 않으면, 국제적으로 따돌리거나 경제 제재를 가하는 것으로 보복합니다. 대표적인 예로 쿠바를 들 수 있습니다. 미국은 50년 동안이나 쿠바에 대한 경제 봉쇄를 해왔는데, 이 과정에서 다른 국가들도 쿠바와 그 어떤 무역을 할 수 없도록 압력을 행사했습니다. 미국은 거리상으로 가까운 중남미 국가들을 그들의 영향권 아래 두고자 수단과 방법을 가리지 않았습니다. 이를테면, 자국민에게 인권 유린을 서슴지 않았던 군사 독재 정권인 콜롬비아에 군사 원조를 아끼지 않았습니다. 과테말라 국민은 미국 정부가 지원하는 독재자의 탄압에 시달려야 했습니다.

1947년부터 1991년까지 전 세계는 미국과 소련을 중심으로 정치적 대립 관계를 맺고 있었던 '냉전(Cold War) 시대'였습니다. 이 시기 국제 분쟁은 대체로 미국과 소련의 개입에 의한 것이었습니다. 냉전 시대가 끝난 후, 미국은 세계의 유일한 패권 국가가 되었습니다. 마치 드라마 〈왕좌의 게임〉에 나오는 철권통치권을 미국이 독보적으로 가진 셈이었죠.

냉전 시대가 막을 내리자 미국은 세계 곳곳에 손길을 뻗칩니다. 힘없는 국가에 대한 내정 간섭은 기본이고, 세계 곳곳에서 일어난 국제 분쟁에는 미국이 개입된 경우가 다반사입니다. 미국을 말하지 않고서 20세기 후반부터 21세기 초반의 국제 분쟁을 제대로 설명할 수 없는 이유가 여기에 있습니다.

"불량 국가들로 인해 전 세계가 위협받고 있습니다. 북한, 이란, 베네수엘라, 이 세 나라가 불량 국가죠. 북한은 완전한 파괴에 직면할 수 있고, 이란은 거짓된 민주주의를 가장한 부패한 독재 정권이고, 베네수엘라는 자국민의 인권을 짓밟았습니다."

미국의 45대 대통령인 도널드 트럼프는 2017년 2월 UN 총회 연설에서 이렇게 말했습니다. 당시 불량국가로 지목된 국가는 물론이고 우리 역시 적잖은 긴장감을 가지게 되었습니다. 지목된 불량국가 중 하나가 북한이었고 북한에 대한 제재는 우리에게도 영향을 미치기 때문입니다. 한반도를 둘러싼 복잡한 정세로 인해 미국이 다른 국가에 그랬던 것처럼 무력 공격까지 하지 않겠지만, 미국이 정치적 경제적 제재를 가할 경우 우리 역시 그 영향을 받을 수밖에 없습니다. 미국이 어떤 특정 국가를 '불량 국가'로 지목한 후 그 국가에 상당한 압력을 행사한 사례가 이미 있었기에 미국 대통령의 이러한 말은 그냥 하는 말로 넘기기 힘든 부분도 있습니다.

불량 국가는 미국 43대 대통령인 조지 워커 부시George W. Bush가 즐겨 쓰던 말이었습니다. 부시가 트럼프와 달랐던 점은 불량 국가로 북한, 이란, 이라크를 내세웠다는 것입니다. 미국의 역대 대통령들이 특정 국가를 불량 국가로 지목하는 것은 이들 국가에 대한 경제적 봉쇄나 군사적 공격 등에 대한 정당성을 얻기 위한 하나의 방법입니다.

이것은 마치 다음 메시지와 같습니다. "우리가 저 국가를 공격하는 것은 저 국가가 나쁜 놈이기 때문이야. 우리는 정의를 실현하기 위해 우리를 희생하면서 싸우는 거야. 그러니 너희도 그렇게 팔짱 끼고 있지는 마. 같이 동참해. 만약 동참하지 않으면 너희도 경제 보복을 당할 수 있어." 이런 메시지를 세계 각국에 던지는 것입니다.

2003년 미국의 조지 워커 부시 대통령이 집권할 당시 미국 행정부는 군사적 정치적으로 함께 할 국가연합 '의지 동맹(coalition of the willing)'을 만들었습니다. 이 동맹의 가장 큰 특징은 UN의 법이나 제재에 영향을 받지 않는다는 것으로 애당초 이라크 침공을 목적에 두었습니다. 당시 49개국이 의지 동맹에 가입했지만 2010년 이후엔 미국과 영국을 제외한 대부분 국가가 탈퇴했습니다.

미국의 이라크 침공은 석유 때문이었다

스위스 제네바엔 '라엘리안 무브먼트(Raelian Movement)'라는 단체가 있습니다. 이 단체는 1975년 창설되었는데 '과학실에서 DNA를 조작해 인간을 만든 것은 외계인 엘로힘'이라 믿고 있습니다. 그런데 이 단체는 2003년 반전 성명을 발표했는데 그 내용은 '외계인도 미국의 이라크 침공을 반대한다.'입니다.

당시 미국의 대통령은 조지 워커 부시였습니다. 그는 이라크를 '불량 국가'로 규정했습니다. 2003년 3월 19일 영국, 스페인 등 동맹국과 함께 이라크를 침공하는데, 그 명분은 '후세인이 만든 대량 살상 무기를 파괴하고, 이라크 국민을 독재로부터 해방시켜 주기'였습니다. 그래서 작전명도 '이라크의 자유(Freedom of Iraq)'입니다.

조지 워커 부시 대통령(George Walker Bush, 1946~): 미국 제43대 대통령으로 재선에 성공하여 2001~09년까지 8년간 재임했다. 집권 기간 중 테러와의 전쟁을 선포해 아프가니스탄, 이라크 전쟁 등이 있었다.

미국의 이라크 침공은 UN 안전보장이사회의 승인을 받지 못한 전쟁이었습니다. UN 헌장엔 "국제 평화에 위협이거나 안전보장이사회가 결의하는 때엔 다른 나라에

"이라크에서 당장 떠나라."고 표기된 이라크 반전 시위 팻말

무력 공격을 허용한다."는 7조 규정이 있습니다. 그러니까 UN은 모든 무력 침략을 반대하는 것이 아니라, 침략이 필요하다면 할 수도 있다는 입장입니다. 이는 UN 헌법 51조인 '국가의 개별 집단적 차원의 무력'에서도 드러납니다. UN이 미국의 이라크 침략을 승인하지 않았던 것은 '필요하다면 할 수 있는 전쟁'이 아니었기 때문입니다. 미국 자국 내에서도 이라크 침공에 대한 반대의 움직임이 매우 컸습니다. 다른 나라를 침략하려면 미국 의회의 승인 절차를 밟아야 했는데, 조지 워커 부시 대통령은 그러한 승인 절차를 밟지 않았습니다. 그러니까 당시 미국의 이라크 침공은 세계 법질서뿐 아니라 미국 국내법에도 어긋나는 일이었습니다.

당시 세계 곳곳에선 'No WAR(전쟁 반대)'라는 피켓을 든 시위대가 거리로 나와 반전 시위 운동을 펼쳤습니다. 미국의 이라크 침공은 그 어떤 정당성도 없는 침략 행위에 불과했기 때문이었습니다. 무엇보다 전쟁은 결국 아무 죄도 없는 민간인들의 삶을 파괴하고 생명을 빼앗는 일이기 때문입니다.

한국에서도 많은 시민단체가 '전쟁 반대 성명'을 발표했고, 수많은 사람이 거리로 나가 반전 시위 운동을 펼쳤습니다. 이라크전은 단지 미국과 이라크만의 전쟁이 아니었기 때문입니다. 미국 정부는 우방국인 한국 정부에도 이라크 파병을 요청했는데, 한국 정부는 미국 정부의 요청을 거부할 힘이 없었습니다. 결국 우리 정부도 이라크에 군인을 파병하였습니다.

세계 곳곳에서 일어나는 반대 목소리를 무시한 미국과 동맹국들은 이라크를 침공해 20일 만에 이라크의 수도 바그다드를 장악하고 후세인 정권을 무너뜨렸습니다. 승리에 취한 미국과 동맹국들은 "5월 1일, 우리는 이 전쟁을 승리로 이끌었어."라며 종전 선언을 했습니다. 그런데 미국은 이라크에서 생화학 대량 살상 무기를 찾아냈을까요? 미국과 동맹국들은 이라크를 점령하고서 구석구석을 샅샅이 뒤졌지만 결국 아무것도 찾아내지 못했습니다. 결론은 '이라크에는 생화학 대량 살상 무기가 없다.'였습니다. 이는 국제사회가 이미 예견한 일이었습니다. 미국이 이라크에 대량 살상 무기가 있으니 우리는 이라크를 혼내줘야 한다고 몇 번이나 강조했지만, 이러한 주장은 사실이 아닐 것이라고 의심하는 사람들이 더 많았습니다. 대부분은 미국이 이라크 침략의 명분으로 대량 살상 무기를 내세우고 있다고 판단하고 있었습니다.

그렇다면, 미국은 어째서 이라크를 공격한 것일까요? 그 이유는 크게 세 가지로 볼 수 있습니다. 하나는 석유 자원 때문이었습니다. 당시 이라크는 사우디아라비아에 이어 두 번째로 많은 석유 매장량을 가지고 있었습니다. 베네수엘라의 저품질 석유와 달리 고품질이고 채굴도 비교적 쉬운 편이라 이라크의 석유 이권을 차지하기만 하면 그야말로 황금어장을 가지는 셈이었죠. 그리고 부시 정부는 이전부터 미국의 석유 업체들과 유착 관계에 있었습니다. 그래서 세계 여론은 '미국이 석유 이권을 차지하기 위해서 이라크를 공격했다.'에 중점을 두었던 것입니다.

다른 이유로는 미국 내 군사 복합체의 경제적 이익 때문이었습니다. 전쟁은 무기나 군사 장비 등을 만드는 업체에는 천문학적인 이익을 가져다줍니다. 군수업체들은 정부와 손을 잡고 무기를 판매한 이익을 나누었습니다. 매년 총기 사건으로 수많은 사람이 학교나 거리에서 죽는 일이 발생해도 미국 정부가 총기 판매를 금지하지 못하는 이유가 여기에 있습니다. 미국 정부와 무기 업체, 총기 제작 업체들 전부 정경 유착 관계에 있기 때문입니다.

마지막으로 미국은 이라크를 장악해 중동 지역에 군사 네트워크를 구축하고자 했습니다. 21세기 전 세계의 패권을 장악할 군사 강대국으로 자리매김하고자 미국 정부는 그 많은 반대를 무릅쓰고 동맹국들까지 전쟁에 끌어들인 것이었습니다.

미국이 떠나자, 내전에 휩싸이다

2003년 미국과 동맹국들은 '이라크의 자유'라는 작전명을 내걸고 이라크를 침공했지만, 전쟁은 그 누구에게도 자유를 주지 못했습니다. 오히려 수많은 사람을 싸움터로 내몰았습니다. 미국이 5월 1일 종전 선언을 한 후에도 이라크 국민은 침략자들에 대항해 싸웠습니다.

이후 미국은 이라크를 점령하고 실질적인 지배자 노릇을 했습니다. 당시 미국 정부는 이라크 국민에게 후세인 정부보다 더 나은 삶을 살게 해줄 것이라 약속했습니다. 하지만 UN난민기구의 통계에 따르면, 미국의 이라크 침공 이후 190만 명이 집을 잃었고, 200만 명이 해외 난민으로 떠돌게 되었습니다. UN 인도주의 업무조정국 자료에 따르면, 전체 인구의 3분의 1이 빈곤에 시달렸으며 물이나 음식 등 생존에 필요한 필수 조건조차 부족했습니다. 전쟁 전엔 하루 20시간 사용 가능했던 수도를 미국 점령 기간에 하루 3시간밖에 쓰지 못했고, 이라크의 수도 바그다드에서 전기를 쓸 수 있는 시간은 2시간에서 3시간에 불과했습니다. 사실 이러한 결과는 충분히 짐작할만한 일이었습니다. 전쟁은 결국 국민의 삶을 피폐하게 만들고, 수많은 난민을 발생시킬 것을 말입니다. 그런데도 미국 정부는 '눈 가리고 아웅' 식으로 이라크 국민에게 더 나은 삶을 약속한다고 했던 것입니다.

한편 미국의 이라크 침공은 UN의 존재를 다시 한 번 생각하는 계기가 되었습니다. 세계 평화와 세계 안전을 위해 여러 국가의 합의로 만들어진 기구이지만 UN은 강대국의 약소국 침략에 어떠한 영향력도 행사하지 못했기 때문입니다. 오히려 미국의 이익에 따라 결정되는 세계 질서의 적나라한 현실을 보여주었을 뿐입니다.

미국 병력이 이라크에서 철수한 것은 이라크 점령 6년 후인 2011년이었습니다. '이라크 침공'으로 불리는 이 전쟁은 미국 병력의 철수로 겨우 끝이 났습니다. 그렇다고 이라크에 평화가 찾아온 것은 아닙니다. 2014년 이라크는 길고 끔찍한 내전에 휩싸였습니다. 이라크 내전은 미군 철수 직전부터 이미 예견된 일이었습니다. 《뉴욕 타임스》 기자 존 F. 번스John F. Burns는 미국의 이라크 점령 초기였던 2005년에 이미 이런 기사를 내기도 했습니다.

이라크 팔루자 전투에서 승리한 이라크 인민 동원군 모습

"미군이 이라크의 국경을 넘은 순간부터, 미국 기업에 걸려 있는 망령은 불가피하게 내전으로 발전하게 될 것입니다. 후세인 대통령의 폭정에서 풀려난 이라크는 정치, 종교, 문화, 지리적 이유로 갈등을 겪을 것입니다. 후세인 대통령의 탄압에 시달리면서 가지게 된 의심과 적대감이 그러한 상황을 만들 테니까요."

당시 이라크의 정권을 잡고 있었던 사담 후세인 정부는 수니파였습니다. 미국의 이라크 침공이 있기 전만 해도 수니파는 이라크 국민의 70%를 차지하는 시아파를 탄압해왔습니다. 그런데 미군이 사담 후세인을 제거하자 수니파 역시 덩달아 힘을 잃게 되었습니다. 대신 그동안 탄압받아왔던 시아파가 정권을 잡게 되죠. 시아파는 미군을 등에 업고 수니파에 대한 복수를 대대적으로 벌이게 되는데, 이 과정에서 수니파 정치인들은 교수형을 당하고 다른 많은 수니파는 정치적 탄압을 받게 되었습니다.

이 같은 상황은 수니파와 시아파의 분열뿐 아니라 국내 정세를 불안하게 만드는 요인이 되었습니다. 두 종파의 잦은 무력 충돌은 결국 본격적인 내전의 늪으로 빠져들게 했습니다. 2014년부터 시작된 내전으로 수니파 이슬람 극단주의 무장 단체인 IS(Islamic State)가 이라크 영토의 절반 가까이 점령하기도 했으나, 이라크 정부군이 다시 기세를 잡은 2017년 12월 IS는 이라크 땅에서 물러나게 되었습니다.

이라크 내전은 미국의 침략, 점령, 철수 등의 과정에서 예견된 일이었습니다. 하지만 본격적으로 내전을 키운 건 '말리키 총리'였습니다. 말리키 총리는 미군이 철수하자마자 쿠데타를 일으켜 부총리와 현직 장관들을 가두어 버리고, 대신 자신의 가족이나 친족을 그 자리에 채워 넣었습니다. 또한 시아파를 우대하고 수니파를 억압했습니다. 이러한 일련의 사태는 이라크 국민의 반발을 사게 됩니다. 수니파 이슬람 극단주의 무장 단체인 IS가 이라크에서 힘을 가지게 된 것에는 이러한 배경이 있습니다. 결국 그는 자신의 지지 기반이었던 시아파 군부나 종교 지도자들의 퇴진 요청으로 2014년 8월에 총리 자리를 내놓게 됩니다. 그 뒤를 이어 총리로 임명된 하이데르 알 아바디Haider al-Abadi는 IS를 진압함으로써 사실상 IS를 종결시켰습니다. 그와 함께 이라크 정세는 어느 정도 안정세로 돌아섰던 것입니다.

IS는 2003년 국제 테러 조직 알카에다의 이라크 하부 조직에서 분리되어 나온 단체입니다. 이후 이라크 내전에서 세력을 더 키웠습니다. IS는 인질을 살해하거나 그 장면을 동영상으로 찍어 인터넷에 공개하는 등의 잔혹한 행동으로 세상 사람들을 깜짝 놀라게 했습니다. 또한 2016년 브뤼셀 테러, 2017년 맨체스터 테러 등을 일으키기도 했습니다. 결국 2019년에 미국 등 국제 연합군이 IS 소탕 작전에 들어가게 되었는데, 이 작전으로 IS는 적잖은 타격을 받았고 지금은 그 세력이 많이 약해진 상태입니다.

이라크, 『알라딘과 요술램프』의 나라

이라크는 아라비아반도 북동부에 있는 국가로 약 4천만 명이 살고 있습니다. 인구의 75%가 아랍인입니다. 다른 인구 구성원으로 쿠르드인과 터키인이 있습니다. 수도인 바그다드는 세계적으로 유명한 동화 『알라딘과 요술램프』의 배경이 되는 도시이기도 합니다.
아랍어로 '뿌리 깊은 나라'의 뜻을 지닌 이라크는 메소포타미아 문명의 심장부로서 인류의 발자취를 고스란히 간직하고 있습니다. 메소포타미아 지역은 오늘날 이라크, 시리아, 터키의 세 나라에 걸친 지역을 일컫는데 이라크는 그 중앙을 차지하고 있습니다.
이라크의 중심엔 바그다드가 있습니다. 그 지리적 위치만 보아도 바그다드가 인류 문명사에서 차지해온 비중이 크다는 것을 짐작할 수 있습니다. 그러나 바그다드가 역사 속에서 확실히 조명을 받기 시작한 것은 서기 762년 이슬람 압바스 제국의 제2대 칼리파(Khalifa, 이슬람 제국의 통치자)인 알 만수르가 이곳을 수도로 삼으면서입니다.
바그다드는 기원전 300년대에 이미 도시의 형태를 갖추었습니다. 무역로의 교차점으로 아프리카, 아시아, 북유럽 등에서 오가는 선박들로 인해 교역이 활발했으며, 다양한 사람과 문화가 항상 들끓는 곳이었습니다. 이슬람 문화가 꽃을 피운 학문과 예술의 중심지였습니다. 그런데 이 아름다운 도시는 1258년에는 몽골군, 1401년에는 티무르의 공격으로 두 번이나 폐허가 되는 비극을 맞이합니다. 1917년에는 영국군에 점령당해 빼앗긴 적도 있었지만, 1921년 이라크의 독립으로 수도가 되었습니다.

이라크의 수도 바그다드

이라크는 수메르, 바빌론 등과 함께 고대 메소포타미아 문명을 발전시킨 가장 오래된 나라 중 하나입니다. 메소포타미아 문명은 기원전 3천 년경 메소포타미아 평원에서 발생한 세계 최초의 문명이었습니다. 이라크는 1980년대까지만 해도 세계에서 제2위를 차지하는 석유 수출국이었습니다. 페르시아만 부근엔 상당한 양의 천연가스도 매장되어 있습니다. 이라크 경제는 대체로 석유 수출에 의존해 있습니다. 하지만 이란-이라크전, 페르시아만 전, 미국의 이라크 침공 등을 겪으면서 석유 수출에 의존했던 경제는 급격히 하락했고 국가 경제 성장률은 떨어지고 말았습니다.

이라크는 석유가 풍부한 나라이지만 1970년대 사담 후세인 대통령 정권 시기에 한국과 일본, 미국의 원조를 받았습니다. 1970년대 한국의 노동자들은 이라크에 파견하여 석유 개발에 참여하기도 했습니다. 그러나 걸프 전쟁과 이후 경제 제재 및 이라크 전쟁으로 경제가 어려워졌습니다. 이라크는 북한과 1968년 정식 외교 관계를 수립하였고, 한국과는 1981년에 영사 관계를, 1989년 대사급 관계를 맺음으로써 남북 동시 수교국이 되었습니다. 그러나 북한은 이란과 이라크 전쟁 당시 이란을 지원함으로써 1980년 단교 조치 되었습니다. 2018년 11월 이후 바그다드에서 K-Pop 커버댄스를 포함한 한국 문화 페스티벌이 이라크에서 자체적으로 개최되어 우리 문화에 대한 이라크인의 선호도를 확인할 수 있었습니다. 이에 따라 2019년 한국 화장품 브랜드 미샤가 바그다드 소재 대형 백화점에 매장을 오픈하면서 2020년 본격적으로 한류를 활용해 화장품 판매를 촉진하려고 했으나 코로나 확산으로 영업이 중단되어 판매가 되지는 못했습니다.

꼭꼭 씹어 생각 정리하기

가 국내 정치에서 도덕성은 매우 중요합니다. 도덕적으로 올바르지 않은 정책은 비난받기 마련이고, 도덕적으로 올바르지 않은 정치인은 그 자리를 지키기 힘듭니다. 반면, 국제 정치에서 도덕성은 크게 부각되지 않습니다. 우리는 국제 정치에서 어디까지 도덕성을 요구할 수 있을까요?

나 미국의 이라크 침공 때 이라크 파병에 대해 국내에서 찬반 논란이 많았습니다. 파병을 반대하는 학생들과 시민단체들이 공항 앞에서 경찰과 대치한 채 농성을 벌이기도 했습니다. 현재 이라크의 공병 지원과 의료 지원을 위해 자이툰 부대 등이 파병되어 있는 상태입니다. 미국의 우방 국가인 우리나라의 경우 미국의 요청에 거부할 수 없는 입장이었기에 여론의 반대에도 불구하고 진행이 된 경우였습니다. 이런 식의 불가피한 국제 공조에 대해 어떻게 생각하는지 말해 봅시다.

중국 VS 소수민족, 특별행정구

중국과 자치 독립을 주장하는 티베트, 홍콩, 위구르족의 싸움으로 '하나의 중국' 방침에 치열하게 맞서고 있다.

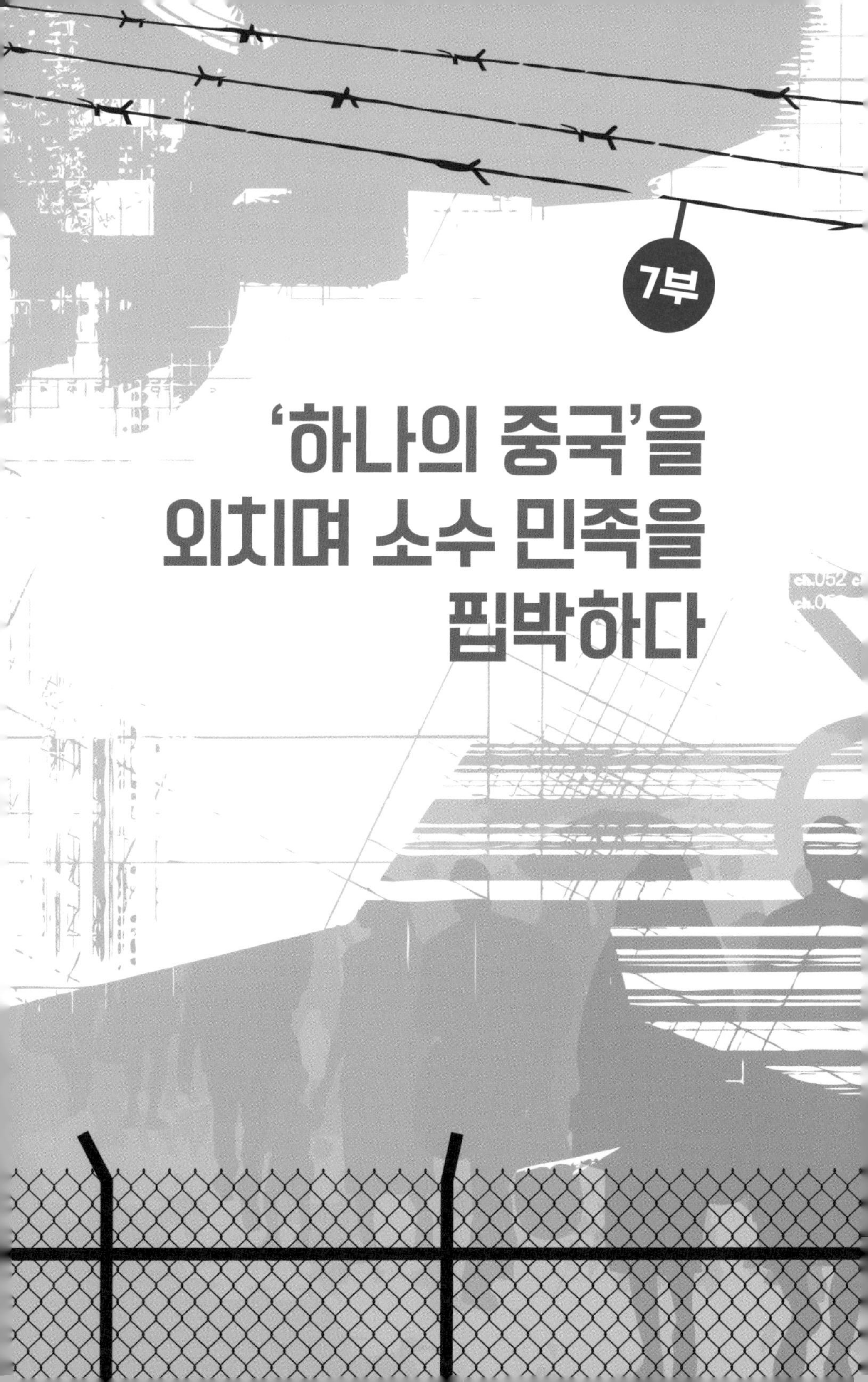

7부

'하나의 중국'을 외치며 소수 민족을 핍박하다

나라 잃은 티베트의 <금지된 축구단>

올림픽에서 최초로 금메달을 받은 한국인은 손기정 선수입니다. 손기정 선수는 1936년 제11회 베를린 올림픽 마라톤에서 우승을 차지했습니다. 그런데 시상식 내내 그는 기쁜 내색 하나 없이 고개를 푹 숙이고 맙니다. 또한 그는 들고 있던 참나무로 자신의 가슴을 가렸습니다. 그의 가슴엔 태극기가 아닌 일장기가 달려 있었기 때문입니다. 손기정은 한국인이었지만 일본 대표로 올림픽에 출전했습니다. 당시 한국은 일본의 식민 지배에 놓여 있어서였죠. 그의 옆에는 동메달을 딴 남승룡 선수도 있었습니다. 그 역시 고개를 푹 숙이고 있었습니다. 훗날 이날의 시상식이 찍힌 사진을 본 한 독일인이 이런 글을 남겼습니다.

> "어느 여름날 우연히 본 한 장의 사진 때문에 나는 이 나라, 아니 이 민족의 굉장한 이야기에 빠져들고 말았다. 1936년 히틀러 통치 시절 베를린에서 올림픽이 열렸고, 그때 두 일본인이 1위와 3위를 차지하였다. 2위는 영국인이었다. 시상대에 올라간 이 두 일

본인 승리자들의 표정. 이것은 인간이 표현할 수 있는 가장 슬픈 모습을 하는 것이 아닌가. 이 불가사의한 사진. 무엇이 이 두 승리자를 이런 슬픈 모습으로 시상대에 서게 했는가……. 당시 대부분의 불행한 식민지의 청년들은 깊은 고뇌와 번민에 개인의 이상을 희생하였고, '손'과 '남'이라고 하는 두 청년 역시 예외일 수는 없었다."

올림픽이 끝난 후, 손기정은 밧줄에 묶인 채 귀국해야 했습니다. 일본은 손기정의 승리가 한국 민족의 정서를 자극해 독립운동으로 이어질 것을 두려워했기 때문이었습니다. 스포츠는 때로 사람들의 단결심을 높이고, 절망적 상황에서도 희망을 품게 합니다. 그래서 그 누군가에게 스포츠는 절실하게 해야만 하는 그 어떤 것일 수도 있습니다. 2001년 국제 경기를 하기 위해 덴마크로 향한 티베트 축구단은 바로 그 절실함을 안고 있었습니다.

티베트는 1950년 중국의 침공을 받고 그다음 해에 중국의 시짱자치구(西藏自治區)가 되어 버렸습니다. 당연히 많은 티베트인이 이에 항의했습니다. 일제 식민지 시대 한국인들처럼 저항 운동이 펼쳐졌고, 그만큼 중국 정부의 탄압에 시달려야 했습니다. 중국의 탄압을 피해 인도로 간 티베트인들은 인도 북서부에 있는 다람살라(Dharmsala)에 망명 정부를 세웠습니다. 우리 민족이 3.1운동 직후 상하이에 세운 임시 정부와 같은 개념이죠. 그리고 이들은 티베트를 대표할 축구단을 만들었습니다. 여기저기 흩어져 있는 티베트인들을 하나로 뭉치게 하는 힘이 필요했는데, 그것이 스포츠라는 생각을 했기 때문이었습니다. 그리고 1959년 다람살라에 정착한 이후로 아이들 중심으로 자연스럽게 퍼지기 시작한 축구를 선택했던 것입니다. 하지만 티베트 축구팀은 국제축구연맹(FIFA)에 가입조차 할 수 없었습니다. 티베트 망명 정부는 어엿한 정부로 인정받지 못했기 때문입니다.

그런데도 그들은 2001년 3월 그린란드(Greenland)팀과 국제 경기를 하기 위해 덴마크로 향했습니다. 그 과정은 쉽지 않았습니다. 티베트인들이 축구를 통해 결속력을 가지게 되는 것을 우려한 중국 정부의 방해가 있었기 때문이었죠. 중국 정부는 국제축구연맹과 덴마크에 압력을 가해 그린란드팀과의 경기를 할 수 없도록 만들었습니다. 몇몇 선수는 비자 발급이 거부되기도 했습니다. 하지만 티베트 축구팀은 그 모든 방해를 이겨내고 결국 덴마크에서 그린란드팀과 경기를 하게 되었습니다. 제대로 된 훈련이나 지원을 받지 못한 티베트 축구팀은 그린란드팀과의 경기에서 4대 1로 패했습니다. 하지만 그날, 이들은 전력을 다해 경기장을 뛰어다녔습니다. 승부에 상관없이 그렇게 뛸 수 있는 것만으로도 그들에게는 정말 멋진 일이었습니다.

티베트 국가 대표 축구팀의 이야기는 다큐멘터리 영화 〈금지된 축구단(The Forbidden Team)〉으로 만들어져 2004년 EBS 제1회 국제다큐멘터리 페스티벌에서 상영되었습니다. 네덜란드인 라스무스 다인센과 아르놀 크롤가아르드가 티베트 축구팀의 기록을 카메라에 담아냈던 것입니다. 나라 없는 국민의 슬픔이 어떤 것인지, 우리는 우리의 역사를 통해 배워왔습니다. 일제 강점기에 태극기 대신 일장기를 가슴에 붙이고 뛰어야 했던 손기정 선수를 비롯해 얼마나 많은 이들이 억울하고 가슴 아픈 사연을 가진 채 살았을까요? 그런데 오늘날에도 어디에선가 누군가는 이러한 슬픔을 견뎌내고 있을 것입니다.

티베트는 지금도 중국의 자치구로 있습니다. 여전히 중국으로부터 독립하고자 많은 티베트인이 저항 운동을 펼치고 있습니다. 도대체 티베트엔 무슨 일이 일어나고 있는 것일까요? 티베트는 왜 중국의 자치구가 되었을까요? 중국은 어째서 티베트인에게 그들의 나라를 돌려주지 않는 것일까요?

달라이 라마, 자치권을 요구하다

티베트는 해발 4천~5천 미터에 이르는 티베트 고원에 자리 잡고 있습니다. 그래서 '세계의 지붕'이라 불리기도 합니다. 인도와 국경을 마주해 불교를 가장 빨리 받아들인 지역 중 하나입니다. 티베트인은 그들만의 고유한 언어를 가지고 있습니다. 또한 다른 민족의 종교 문화에서는 볼 수 없는 독특한 문화가 있는데, 이를 대

제14대 달라이 라마 땐진갸초. 티베트 최고의 정신적 지도자로, 살아있는 관세음보살의 현신으로 여겨지며 티베트인들의 절대적인 존경과 사랑을 받고 있다.

표하는 것이 1391년부터 시작된 '달라이 라마(Dalai Lama)'라는 문화입니다.

달라이 라마에서 '달라이'는 바다를 뜻하는 몽골어이고, '라마'는 스승을 뜻하는 티베트어입니다. 즉 달라이 라마는 '바다처럼 큰 덕을 가진 스승'을 뜻합니다. 불교 민족인 티베트족에게 달라이 라마는 지도자를 가리키는 명칭입니다. 티베트인은 달라이 라마가 죽은 후에 다시 태어난다고 믿고 있습니다. 달라이 라마는 교화주(教化主)라는 관음보살의 화신이 전생(轉生)한 것이기 때문입니다. 그래서 달라이 라마는 자신이 죽기 전에 어떤 모습으로 환생할지 단서를 남겨둡니다. 그러면 사람들은 그에 가장 부합하는 어린아이를 다음 달라이 라마로 선택하게 되는 것입니다. 달라이 라마는 대대로 티베트의 수도 라싸의 포탈라궁에서 살았습니다. 포탈라궁은 티베트 정부가 있는 곳이기도 합니다. 1950년 중국의 침공으로 티베트는 주권을 상실했습니다. 그 이듬해에는 베이징에 파견된 티베트 관리를 회유해 '17조 조약'을 국새 없이 체결하고, 티베트를 강제로 합병해 버렸습니다. 이에 반대한 티베트인이 1959년 암도 지방 등에서 무장 반란을 일으키자 중국군은 무력으로 진압했습니다. 뒤이어 포탈라궁을 폭격하고 제14대 달라이 라마를 죽이겠다고 위협했습니다. 달라이 라마를 정신적 스승으로 삼고 있는 티베트인들에겐 엄청나게 충격적인 선언이었습니다.

1959년 3월 10일, 약 3만 명의 티베트인이 포탈라궁을 둘러쌌습니다. 이들은 중국군이 달라이 라마를 납치한다는 소문을 듣고 티베트 전국에서 모여든 사람들이었습니다. 이들 대부분은 자신의 목숨을 바쳐서라도 달라이 라마를 지키고자 했습니다. 3월 12일에는 더 많은 티베트인이 모여들어 티베트 독립을 주장하는 한편, 중국군과의 무력 충돌에 대비한 전투태세를 취했습니다. 티베트인과 중국 군대 사이에 팽팽한 긴장감이 감돌았습니다. 그리고 그 며칠 후인 3월 17일 중국군은 포탈라궁을 향해 포격을 가하기 시작했습니다. 당시 티베트인의 무기는 낡은 장총이나 칼뿐이었습니다. 이런 무기로 당연히 무장한 중국군을 이길 수는 없었습니다. 티베트인이 일방적으로 공격을 당한 것에 불과한 이 전투는 단 이틀 만에 끝나 버렸습니다. 당시 티베트인 8만 명 이상이 살해되었고, 2만 5천 명 이상이 투옥되었습니다. 라싸의 주요 사원은 중국군의 폭격으로 파괴되었고, 사원에 있던 많은 문화재는

티베트 수도 라싸의 포탈라궁: 1959년 중국의 침략으로 14대 달라이 라마가 인도로 망명할 때까지 달라이 라마의 주요 거주지였다. 현재는 박물관이자 유네스코 세계유산이다.

약탈당했습니다. 하지만 티베트인들이 지켜내고자 했던 14대 달라이 라마는 무사히 탈출할 수 있었습니다. 중국군의 포격 공격이 있던 3월 17일 그는 티베트 군인 옷으로 갈아입고 측근들과 몰래 궁을 빠져 나와 있었습니다.

티베트를 탈출한 14대 달라이 라마는 1959년 3월 31일에 무사히 인도 땅을 밟았습니다. 이후 그는 인도 북부 히말라야 기슭의 다람살라에 '작은 라사'로 일컬어지는 티베트 망명 정부를 세우고, 중국에 티베트의 자치 및 자결권을 요구하며 비폭력 저항을 지속했습니다. 하지만 인도에서의 독립운동은 쉽지 않았습니다. 국제 사회에 도움을 요청해도 별다른 성과는 없었습니다. 결국 그는 국제 사회의 묵인 아래 이루어지는 중국의 폭력으로부터 티베트가 독립하는 것은 매우 어려운 일임을 깨달았습니다. 그리하여 고심 끝에 그는 1999년 3월 10일에 독립보다 티베트의 자치권을 주장하는 성명서를 다음과 같이 발표했습니다. "나는 티베트의 독립을 추구하지 않는다. 티베트의 독립대신 티베트인의 자유가 최선이다. 그래서 나는 티베트의 진정한 자치가 보장되기를 바란다."

망명 초기만 해도 달라이 라마는 티베트의 독립을 주장했지만, 티베트의 고유한 문화, 언어, 종교의 자유를 보장받는 '진정한 자치'를 확보하는 것이 더 현실적인 요구라 판단했을 것입니다. 그런데 중국은 이 요구조차 받아들이지 않았습니다. 티베트 민중 봉기 50주년이었던 2009년에 달라이 라마는 티베트 내의 평화를 촉구하는 성명을 다시 한번 발표했습니다.

"우리는 합법적인 자치권을 원한다. 티베트인들이 자신들의 목숨보다 소중하게 여기는 티베트의 종교, 문화, 언어, 정체성이 사라질 위기에 처해 있다. 티베트의 발전을 가져온 것처럼 보이는 도로, 공항, 철도 등과 같은 기반 시설의 확충은 티베트의 환경과 생활 양식을 짓밟고 티베트를 중국화하려는 정치적인 목적으로 이루어진 것이다."

이 성명이 발표되기 며칠 전에도 중국은 자치를 원하는 티베트인을 폭력으로 진압하는 사태가 벌어졌습니다. 독립적 문화가 강한 티베트 민족은 중국의 의도대로 쉽게 중국화되지 않았습니다. 그렇다고 모든 티베트인이 그랬던 것은 아닙니다. '중국의 침략'이라는 기억을 가지지 못한 젊은 티베트인들은 태어났을 때부터 중

티베트 국기

국식 교육에 노출되었으며, 중국의 정치 체제 아래에 있는 티베트에서 살아왔습니다. 이들에게 중국은 티베트의 침략국이 아니라 그냥 조국이 된 셈이었습니다. 또 중국 자치령이 된 후 티베트에는 여러 기반 시설이 들어서기 시작했습니다. '신비의 나라'로 불릴 만큼 오랫동안 베일에 감싸져 있었던 나라가 중국 공산주의식 개발 정책으로 인해 이전과 다른 물질적 혜택을 누리게 된 것이죠. 때문에 젊은 층뿐 아니라 중노년층도 중국령에 속한 티베트에 더 높은 만족감을 보이기도 했습니다.

사실 모든 이가 한뜻으로 마음을 모으는 것은 어려운 일입니다. 일제 강점기 시절, 우리 민족만 해도 반일 운동을 펼치는 사람이 있는가 하면, 친일로 자신의 이익을 채우는 사람도 있었습니다. 혹은 이도 저도 관심 없는 사람들도 있었고요. 모든 이가 한마음으로 하나의 뜻을 향해 간다는 것은 매우 어려운 일입니다. 그 뜻이 나라나 종교, 이념 혹은 신념이든지 간에 결국 각자의 이해관계에 따라 전혀 다른 결정을 하기도 합니다. 하지만 많은 티베트인은 여전히 티베트의 자치를 원하고 있으며, 이를 위해 중국 정부와의 싸움을 멈추지 않고 있습니다. 그리고 중국은 무력 진압으로 이들의 독립 의지를 누르고 있습니다.

중국은 왜 티베트를 내버려 두지 않을까?

중국은 1912년 중국 공산당이 집권하는 중화인민공화국(People's Republic Of China)으로 다민족 국가입니다. 한족과 55개의 소수 민족으로 구성되어 있지만, 소수 민족은 전체 인구의 8.1%에 불과합니다. 14억 4천만 가까운 인구 중 90% 이상이 한족입니다.

중국은 세계 4대 문명 중 하나인 황허 문명의 발상지입니다. 기원전 2000년경 시작된 이 문명은 점차 아시아로 퍼져 아시아의 많은 국가에 영향을 미쳤습니다. 우리나라 역시 예로부터 중국 문화의 영향을 많이 받는 한편, 중국의 간섭이나 침략 등에 줄곧 시달려 왔습니다. 20세기 이전의 중국은 아시아 전체에 강력한 영향을 발휘한 나라였으니까요.

오늘날에도 중국은 미국과 세계 패권을 두고 다투는 유일한 국가입니다. 이러한 현실은 국제 사회가 중국의 소수 민족에 대한 차별이나 탄압, 학살 등에 별다른 제재를 가할 수 없게 만드는 이유 중 하나가 되기도 합니다. 옳든 그르든 현재 국제 질서는 미국이나 중국 등의 강대국 위주로 편성되어 있기 때문입니다. 그래서 현재 티베트 역시 국제 사회의 지지와 도움을 얻지 못한 채 그들만의 외로운 싸움을 하고 있습니다. 14대 달라이 라마는 바로 이러한 현실을 적나라하게 느꼈기에 "독립이 아니어도 되니 자치라도 하게 해달라."는 성명서를 낸 것이었습니다.

그런데 중국은 어째서 티베트의 독립을 기를 쓰고 막는 것일까요? 티베트는 상당히 높은 지대에 있어 기압이 높고 산소가 부족합니다. 원주민이 아니면 살기 힘든 환경입니다. 티베트에 간 많은 여행자는 높은 기압과 산소 부족으로 인한 고산병에 시달리고는 합니다. 민족 동화 정책의 하나로 중국 정부가 티베트로 이주시킨 중국인들 역시 고산병으로 일상생활을 유지하는 데 상당한 고통을 겪고 있습니다. 고산병은 어지러움, 두통, 얼굴 부종, 구토, 식욕부진 등을 일으킬 뿐 아니라 의식 불명까지 이르게 합니다. 고도가 높아짐에 따라 산소가 부족해 나타나는 현상인 것입니다.

티베트는 바로 이 고산병으로 악명이 높은 지역 중 하나입니다. 게다가 티베트는 산과 들로 둘러싸여 있어 농사에 적당하지도 않은 데다 지리적으로나 외교적으로 고립되어 있습니다. 그런데도 중국이 티베트를 강하게 붙잡고 있는 것은 크게 네 가지 이유로 정리할 수 있습니다.

첫째, 티베트가 중국에 가져다주는 경제적 이익 때문입니다. 티베트엔 수많은 우라늄을 비롯한 지하자원이 매장되어 있을 뿐 아니라 목재나 수력 자원이 풍부합니다. 둘째, 티베트는 관광 자원으로서 매우 높은 가치를 지니고 있습니다. 티베트만의 독특한 문화는 상당히 많은 사람에게 여행지로서의 매력을 느끼게 하는 것입니다. 셋째, 티베트는 중국 서남 지역을 방어하는 성곽의 역할을 합니다. 시짱자치구에 속한 티베트는 1,228,400km^2(남한 면적의 12배 정도 크기)로 중국 영토의 약 20%를 차지하고 있습니다. 이처럼 넓은 땅이 중국과 인도 중간에 있습니다. 이는 인도가 중국 본토로 들어서는 것을 막아주고, 더 나아가 중국 본토의 국경선을 더 넓게 만들어 주는 효과가 있습니다. 마지막으로 소수 민족에 미칠 영향 때문입니다. 55개의 소수 민족 모두가 중국에 순화되었거나 순응하고 있지는 않습니다.

대표적인 예로 위구르족(維吾爾族, Uygur)이 있습니다. 위구르족은 주로 신장 위구르 자치구에 살고 있는데, 이들 역시 그들만의 언어를 쓰고 있으며 다수가 이슬람교도입니다. 이들은 줄기차게 독립을 요구하며 중국 정부를 상대로 싸우고 있습니다. 만약 중국이 티베트의 자치를 허용한다면, 이는 곧 위구르족을 비롯한 다른 소수 민족의 분리 운동에 큰 영향을 미칠 수 있습니다. 이는 중국이 절대로 원하지 않는 시나리오입니다. 그래서 중국은 독립이든 자치든 그러한 사례를 만들지 않으려 하는 것입니다. 이는 중국이 목표로 세운 '하나의 중국' 원칙에도 어긋나기 때문입니다.

'하나의 중국'은 중국 내 모든 소수 민족은 물론이고, 홍콩, 마카오, 대만 역시 중국에 속한다는 개념입니다. 중국은 이를 대외적으로 내세워 다른 국가에도 이 원칙을 지킬 것을 강요하고 있습니다. 대표적인 예로, 대만과의 수교 단절이 있습니다. 대만은 그 자체로 독립된 국가이지만 중국은 대만 역시 '하나의 중국'이라 주장합니다. 그래서 다른 국가에도 대만과 수교 단절을 종용했고, 만약 대만과 수교 관계를 지속한다면 그에 상당한 불이익을 주는 것으로 대응했습니다. 한국 역시 중국의 압력에 1992년 대만과의 수교를 공식적으로 단절한 일이 있었습니다. 이 일로 대만 국민은 한국에 대한 부정적인 시각을 가지게 되었습니다. 2014년 우산 혁명에 이어 2019년 발생한 홍콩 민주화 시위에서도 한국 정부는 무력으로 시위대를 진압하는 중국에 비판의 목소리를 내지 못했습니다. 이 역시 중국 정부와의 관계 때문이었는데 꽤 많은 한국인은 홍콩의 시위를 지지하는 목소리를 냈습니다.

하나의 국제 분쟁을 두고 정부와 국민은 대체로 서로 다른 시각을 가집니다. 국익이나 이해관계부터 따지는 정부와 달리 국민 개개인은 국가의 폭력, 탄압, 차별 등으로 고통받는 사람들을 먼저 생각하기 때문입니다. 국가 폭력은 특별한 어떤 국가에서만 벌어지는 것이 아니라, 언제든지 우리에게도 벌어질 수 있는 일임을 알고 있기 때문입니다.

홍콩, 민주화를 외치다

금융 도시 홍콩은 1997년 6월까지만 해도 영국의 식민지였습니다. 원래 중국 영토였으나 영국의 침략 전쟁에서 진 중국은 1860년 10월 베이징 조약으로 홍콩섬과 주룽반도를 빼앗겼습니다. 1898년에는 영국의 요구로 홍콩 위쪽의 신계까지 빼앗기고 말았습니다. 오늘날 우리가 알고 있는 홍콩은 홍콩섬, 주룽반도, 신계를 통틀어 지칭하는 말입니다. 홍콩 전체 면적의 85%를 차지하고 있는 것은 뒤늦게 준 신계입니다. 그런데 이 신계는 홍콩섬이나 주룽반도와 달리 영국에 99년 동안만 빌려주는 형태를 취했습니다. 그리고 그로부터 99년이 지난 1997년 7월 1일, 홍콩은 중국에 반환되었습니다.

물론 이는 영국이 약속을 잘 지켰기 때문은 아닙니다. 중국은 베이징 조약이 불평등 조약이니 신계뿐 아니라 홍콩섬과 주룽반도까지 반환해달라고 영국에 강력하게 요구해 왔습니다. 양국은 2년 동안 총 22회에 걸친 회담을 했고, 그 결과 1984년 9월 「홍콩 문제에 관한 중화인민공화국과 영국의 공동성명서」를 채택하게 되었습니다. 성명서의 내용은 "중국 정부는 1997년 7월 1일 홍콩의 주권 행사를 회복하며, 동시에 영국 정부는 이날 홍콩을 중국에 반환한다."입니다. 그리고 중국은 향후 50년 동안 '일국양제(一國兩制)'를 기본 방침으로 할 것을 약속했습니다. 일국양제는 하나의 국가에 두 개의 제도를 허용한다는 뜻입니다. 공산주의 체제인 중국이 홍콩의 자본주의 체제 유지를 인정한다는 것입니다.

이러한 과정에서 홍콩인의 의사는 고려 대상이 아니었습니다. 두 국가가 마음대로 주고받은 홍콩에는 7백 5십만 명이 넘는 사람들이 살고 있었지만, 그들에게는 자신의 정부를 선택할 권한이 없었던 것입니다. 중국으로의 반환을 앞둔 상황에서 반환 자체를 반대하는 이도 있었지만, 그렇지 않은 사람들도 대체로 불안감을 떨치지 못했습니다. 거의 100년에 가까운 시간 동안 영국령으로 있었고, 서양식 교육을 받아 왔으며 서양식 법, 사회, 정치 제도에 이미 익숙해져 있었기 때문입니다. 그러니 공산주의 국가인 중국에 편입되는 게 그리 반가운 일은 아니었을 것입니다. 홍콩인의 불안감을 해소하고자 양국은 홍콩의 정치 사회 시스템을 그대로 유지하는 일국양제 방침을 공동 선언서에 명시했지만, 이러한 장치도 홍콩인의 불안감을 누그러뜨릴 순 없었습니다.

중국은 영국에서 홍콩을 돌려받은 후, 홍콩을 '중화인민공화국 홍콩 특별 행정구'로 삼고, 공동 선언서에 명시했던 것처럼 홍콩의 자치권을 보장해 주었습니다. 하지만 몇 년 지나지 않아 중국은 홍콩의 정치에 간섭하기 시작했습니다. 이에 반발한 홍콩인

홍콩 시내에서 시위 중인 시민들

들은 '민주화 시위'를 거의 매년 펼쳐왔습니다. 그러자 중국 정부는《인민일보》나《환구시보》를 통해 "홍콩 시위에는 미국 관변 단체를 매개로 한 서방 열강의 개입도 있을 것"이라며, 홍콩의 민주화 시위에 곱지 않은 눈길을 보냈습니다. 이 같은 갈등이 계속되는 가운데 2014년 홍콩에서는 우산 혁명으로 불리는 민주화 시위가 대대적으로 일어났습니다. 우산 혁명은 시위대가 진압군이 쏜 최루액을 우산으로 펼쳐 막았다고 해서 붙여진 이름이었습니다. 우산 혁명이 일어난 이유는 홍콩 자치부의 수장이라 할 수 있는 행정 장관들 모두 친중 성격의 인사들이었기 때문입니다. 물론 이렇게 된 것에는 중국 정부의 사전 조작이 있었습니다. 우산 혁명을 통해 홍콩은 결국 중국으로부터 "홍콩 특별 행정 구민의 직접 선거를 통해 행정 장관을 선출할 것"이라는 약속을 받아냅니다.

2019년 6월 홍콩에선 또다시 대대적인 민주화 시위가 펼쳐졌습니다. '도주 범죄인 및 형사법 관련 법률 지원 개정 법안' 도입으로 촉발된 시위였습니다. 이 법안으로 수배자, 용의자, 범죄자 등의 홍콩인을 중국 본토로 인도하는 것이 가능해진 것입니다. 이는 중국 정부가 홍콩의 자치권을 인정하지 않는다는 말과 같습니다. 즉, 홍콩을 중국 본토의 법으로 지배하고자 한다는 것입니다. 이에 반대하는 홍콩인 수만 명이 거리로 나와 시위를 하자 중국은 이를 '폭동'으로 공식화하고, 홍콩 경찰은 시위에 참여한 이들을 무자비하면서도 과도하게 진압하기 시작했습니다. 7월에는 중국 본토에서 시위대를 진압하기 위해 '인민 해방군'을 보낼 수도 있다는 소식이 홍콩은 물론 세계 여러 나라의 신문에 수시로 등장하기도 했습니다. 그리고 두 달 후 홍콩 행정 장관 캐리 람Carrie Lam은 "중국은 인민 해방군을 홍콩에 투입할 계획이 전혀 없다."고 발표했습니다. 이는 홍콩인에 대한 배려 때문이 아니라 금융의 중심지인 홍콩에 중국군까지 투입될 경우, 금융 도시 홍콩의 신뢰는 급격하게 떨어질 것이며 그로 인해 엄청난 경제적 손실을 볼 가능성이 크기 때문이었습니다.

그해 10월 친중 정권인 홍콩 정부는 '복면 금지법'을 발표하기도 합니다. 마스크를 쓰고 거리로 나온 사람은 무조건 반중 시위대로 간주하고 체포하겠다는 뜻이었는데 이는 오히려 시민의 반발을 거세게 만드는 역효과를 냈습니다. 경찰의 탄압은 점점 폭력적으로 변했고, 급기야 시위대에 실탄을 쏘는 일까지 발생했습니다. 2019년 7월 시작된 민주화 시위는 2020년 2월 초 전 세계를 휩쓴 코로나19 사태로 잠잠해졌지만 2020년 5월 민주화 시위는 다시 시작되었습니다. 이 시위는 '국가 보안법 제정'을 반대하는 성격을 띠었습니다.

중국 정부가 2020년 5월 22일, "중국과의 분리, 전복을 꾀하는 홍콩 시민의 활동을 금지하고, 중국-홍콩 문제에 개입하려는 외부의 간섭을 전면 금지한다."는 내용의 홍콩 국가 보안법을 발의했기 때문입니다. 이는 홍콩의 민주화 시위를 법으로 강제할 뿐 아니라, 중국이 홍콩인에 행사하는 폭력에 대해 국제 사회의 침묵을 요구한 것입니다. 이에 많은 홍콩인이 시위에 참여하자 친중 정권인 홍콩 정부는 이를 강제로 진압했습니다.

홍콩 시위대가 사용하는 흑색 홍콩기(일국양제의 약속 아래 존중되었던 홍콩의 민주적 가치가 죽어 가고 있음을 나타낸다.)

지난 수년 동안 중국 정부는 홍콩 정부 인사들을 친중 세력으로 바꾸거나, 홍콩 사법부를 중국 본토의 법으로 대치하거나, 언론의 자유를 억압하는 것으로 홍콩의 자치권을 박탈하려는 포석을 깔아 두었습니다. 지난 역사에서 계속 목격해왔듯, 국가 권력을 가진 정권 대부분은 그들의 이해관계에 맞지 않으면 조약이나 약속은 쉽게 파기해 버립니다. 현재 홍콩은 중국이라는 큰바람 앞의 등불과 같습니다. 그리고 여전히 불안한 미래를 안고 있는 홍콩의 오늘을 국제 사회는 그저 지켜볼 수밖에 없습니다.

위구르족, 혜택은 없고 핍박만 받다

세계에서 가장 넓은 영토를 가진 국가는 러시아입니다. 그 다음으로 캐나다, 미국, 중국 순입니다. 4위인 중국의 영토는 약 959만km²로, 한반도의 43,455배에 이릅니다. 그런데 중국 영토가 가진 특징이 있습니다. 바로 소수 민족이 차지하고 있는 비율이 높다는 것입니다. 중국 내 소수 민족은 전체 중국인의 8.1%에 불과하지만 그들의 거주 공간은 전 국토의 73%를 차지합니다. 특히 티베트족, 위구르족, 몽골족, 이 세 민족의 영토는 중국 영토의 반을 차지할 정도입니다(아래 지도 참조). 만약 이 세 민족이 분리 독립을 하면 중국은 국토의 절반 가까이 잃는 상황이 될 수 있습니다. 이는 중국이 티베트족과 위구르족을 꽉 붙잡고 있는 이유이기도 합니다. 물론 이러한 이유가 아니어도 중국은 이들의 독립을 수단과 방법을 가리지 않고 막았을 것입니다. 고대와 마찬가지로 현

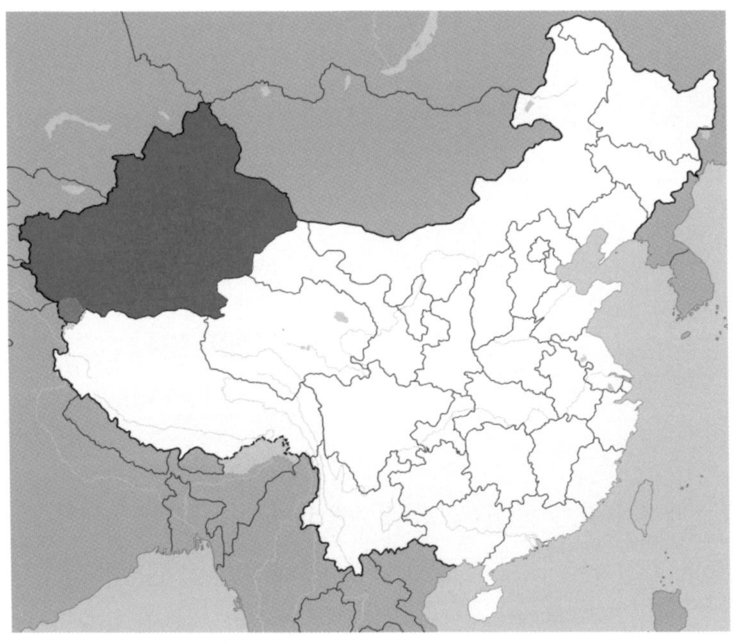

신장 위구르 자치구: 중국 북서쪽에 위치하는 자치구이다. 중앙아시아 위구르족의 자치구이며, 신장은 새로운 영토를 뜻하고 위구르는 위구르어로 단결과 연합을 의미한다.(지도에서 붉은 색 지역임)

대 국가 역시 자국의 영토 확장에 병적인 집착을 하고 있으니까요. 특히 자원이 풍부하거나 중요한 군사 요충지라면, 영토 확장에 대한 국가의 집착은 더 강경해지기 마련입니다.

위구르족이 사는 신장 위구르 자치구는 중국에서 가장 큰 자치구입니다. 이곳에는 천연가스, 석탄, 광물 등의 자원들이 풍부하게 매장되어 있습니다. 1993년엔 준가르 분지에서 8백 제곱킬로미터 이상의 면적에 분포된 대규모 석유 매장이 발견되어, 그동안 줄어든 원유 생산으로 고심했던 중국의 숨통을 트이게 만들기도 했습니다.

중국은 2001년 경제 발전을 목적으로 10차 5개년 계획(2001년~2005년)을 추진했는데 이 계획에는 '서기동수(西氣東輸)' 프로젝트도 포함되었습니다. 서기동수는 '서쪽의 에너지를 동쪽으로 수송한다.'를 뜻합니다. 더 정확하게 말하자면, '서쪽 신장 위구르 자치구의 천연가스를 동쪽 상하이로 가져간다.'입니다. 이를 위해 중국 정부는 총 1,400억 위안(약 24조 5800억 원)을 들여 총 4,000킬로미터의 천연가스 수송관을 건설했습니다. 반면, 신장 위구르 자치구에 대한 개발은 등한시했습니다. 이로 인해 신장 위구르 자치구는 중국 다른 지역에 비해 경제가 낙후되었고 고질적인 생필품 부족을 겪고 있으며 높은 물가와 불편한 교통에 시달리고 있습니다. 신장 위구르 자치구는 중국의 그 어느 지역보다 많은 에너지를 보유하고 있는데도 불구하고 그 혜택은 받지 못하고 있는 것입니다. 신장 위구르 자치구의 에너지는 중국 동남 해안 지대 부유한 지역의 전력으로 소비되고 있습니다. 그러니까 위구르족은 중국 전체에서 가장 풍부한 자원을 가졌지만, 가장 가난하고 핍박받는 삶을 살고 있는 것입니다.

오래전부터 중국은 위구르족의 중국화에 집중해왔습니다. 대표적인 예로, 위구르족 여자와 한족 남자를 결혼시키는 '통혼 정책'이 있습니다. 1979년 중국은 기하급수적으로 늘어나는 인구를 막기 위해 '한 자녀 정책(가족계획 정책)'을 35년이나 시행했습니다. 당시 중국인들은 단 한 명만의 자녀를 가질 수 있게 되자 여자아이는 낙태시켜 버렸습니다. 남자아이만이 자신들의 노후를 책임질 수 있을 것이라 믿었기 때문입니다. 이로 인해 남녀 인구 구성에서 남자가 여자보다 6,000만 명이나 많아진 부작용이 나타났습니다. 이에 중국 정부는 신부를 구하지 못한 한족 남자와 위구르족 여자를 결혼시키는 통혼 정책을 활용했습니다. 이 정책은 한족 남자의 결혼율을 높이는 동시에 위구르족을 소멸시키고 한족에 동화시키는 성격을 띄고 있습니다. 이 과정에서 위구르족 여자에게 선택권은 주어지지 않았습니다.

2019년 '동투르키스탄과의 대화'라는 페이스북에는 한족 남자와 위구르족 여자의 결혼식 사진이 올라와 사람들을 놀라게 한 적이 있습니다. 신랑은 웃고 있는데, 신부는 슬픔에 겨워 잔뜩 찡그린 얼굴을 하고 있었기 때문입니다. 신부는 강제 수용소에 갇혀 있는 다른 가족의 안전을 위해 한족 남자와 결혼식을 올려야만 했던 것입니다.

중국은 위구르족 자치구에서 통혼 정책을 장려하며, 한족과 결혼할 경우 5년 동안 매년 약 165만 원(5년 동안 받을 경우, 최고 825만 원)까지 지원하겠다고 밝혔습니다. 하지만 위구르족은 다른 소수 민족과 달리 한족과의 결혼을 꺼리는 경향이 강합니다. 위구르족은 한족과의 생활 방식이 매우 다른 데다 대부분 이슬람교도이기에 다른 종교를 가진 사람과의 결혼을 원치 않기 때문입니다. 그런데도 중국이 이 같은 정책을 밀어붙이는 것에 대해 국제 사회 한편에서는 분리 독립 의식이 강한 '위구르족의 민족 말살 정책의 일환'이라고 보고 있습니다.

신장 위구르 자치구가 중국에 합병되었던 18세기부터 현재까지 위구르족은 줄기차게 분리 독립을 주장해왔습니다. 위구르족은 그들만의 종교, 문화, 관습의 특성이 강해 중국에 쉽게 동화되지도 않았습니다. 그로 인해 위구르족은 집단 학살 혹은 문화를 말살당하는 등 다른 소수 민족에 비해 훨씬 큰 차별과 핍박을 받아 왔습니다. 1995년, 1997년, 2009년에 일어난 대규모 봉기에서는 적게는 수백 명 많게는 수천 명의 인명 피해가 일어나기도 했습니다. 중국의 위구르 박해를 가장 잘 보여주는 사례는 '비밀 수용소'로 불리는 중국의 '신장 위구르 강제 수용소'입니다. 이 수용소엔 약 100만 명의 위구르족이 '재교육' 명분으로 인간 이하 취급을 받으며 갇혀 있는 것으로 알려져 있습니다.

위구르족을 비밀 수용소에 가두다

"위구르족 100만 명 이상이 집단 수용소와 감옥에서 고문과 세뇌에 노출된 것은 더는 비밀이 아니다. 중국 정부는 즉시 이 수용소를 폐쇄하라. 또, UN은 신장 위구르 자치구의 비극을 종식하기 위한 대응을 해달라."

2019년 2월 9일 터키 외무부에선 '위구르족 탄압 중지, 강제 수용소 폐쇄'를 요청하는 성명을 발표했습니다. 이전부터 국제사회에선 이 수용소를 우려 섞인 눈으로 보고 있었습니다. 위구르족에 대한 인권 탄압이 극심할 뿐 아니라 위구르족의 종교, 정신 등을 소멸시키고 사회주의 사상과 유교 경전을 재교육하고 있다는 사실이 알려졌기 때문입니다. 그런데 이 수용소에서 터키에서도 유명한 음악가 겸 시인인 압둘라 힘 헤이트가 죽은 사실이 밝혀지자 터키 정부는 성명을 발표했고 터키 국민은 중국에 항의하는 시위를 펼쳤습니다. 그러자 중국은 "당신들이 말하는 위구르 강제 수용소는 수용소가 아니라 직업 훈련소일 뿐이다. 그곳에서는 테러를 예방하기 위한 직업, 언어 교육 등이 이루어지는 교육 훈련 시설이 있을 뿐이다. 수강생들은 모두 자발적으로 입소한 것이다."라고 반박했습니다.
하지만 중국의 변명은 국제 사회를 설득시키기 어려웠습니다. UN과 서방 국가의 언론들은 2017년부터 위구르족 약 100만 명이 재판도 없이 갇혀 있으며, 이슬람교와 위구르어를 포기하도록 강요받고 있다는 것을 알고 있었기 때문입니다. 수용소의 실상을 찍은 사진이나 동영상이 트위터, 페이스북, 유튜브 등의 온라인을 통해 이미 널리 퍼져 있었고 그러던 중, 이 수용소에 대한 기밀문서가 2019년 11월에 공개되었습니다.

공개된 기밀문서에는 강제 수용소의 운영 지침과 위구르족의 일거수일투족을 감시하는 시스템 운영에 관한 지침이 담겨 있었습니다. 중국 정부는 자발적 입소라고 해명했지만, 기밀문서에는 '수용소 내 탈출자 방지가 최우선 목표'라고 적혀 있었습니다. 외부 접촉을 금지하고 가족과의 통화는 한 달에 한 번만 할 수 있게 하는 지침도 있었습니다. 국제 사회가 의심의 눈길로 바라보았던 '위구르족의 정신과 문화를 말살하고 사회주의 사상을 주입하는 세뇌 교육'이 '교화'라는 이름으로 운영되고 있었던 것입니다. 수용소에서

신장 위그르 지역에 있는 강제 수용소.
중국 당국은 이를 교육 시설이라고 줄곧 주장해왔다.

는 오로지 표준 중국어만을 사용해야 했고, 수용된 사람들은 강제 노동에 시달려야 했습니다. 무엇보다 놀라운 것은 수감 기간이 무한정이라는 것이었습니다. 세뇌된 수감자는 1년 후 수용소를 나갈 수 있지만, 그렇지 않은 수감자는 결코 수용소에서 나올 수 없었습니다.

현재 위구르족에 대한 탄압과 민족 말살 정책은 국제 사회의 이슈로 떠올라 있습니다. 특히 터키를 비롯한 중동 지역의 관심은 더 높은 편이죠. 위구르족이 이슬람교를 믿고 있는 이슬람 문화권이기 때문입니다. 위구르족은 중국뿐 아니라 몽골, 카자흐스탄, 파키스탄, 터키 등에도 소수 민족으로 퍼져 있습니다. 하지만 터키는 쿠르드족과의 갈등 등 내부적으로 가진 정치 문제로 중국의 위구르족까지 관여할 처지가 못 되며, 다른 국가 역시 강대국 중국에 맞서 위구르족의 독립운동을 표면적으로 지지하기에는 그 국력이 매우 약합니다. 현재 위구르족은 중국 내 소수 민족 중 가장 과격한 투쟁으로 중국 정부와 맞서 싸우고 있지만, 이들에게 닥친 시련은 그 끝이 보이지 않습니다.

꼭꼭 씹어 생각 정리하기

가 홍콩은 100여년 동안 자본주의 국가인 영국의 통치하에 있었고 자본주의 사회, 경제 제도와 생활방식을 유지했었습니다. 중국에 반환이 된 후에도 사회주의 국가인 중국에서 1국2체제를 취하여 고도의 자치권을 누리는 지방행정구역으로서 50여 년 동안 변함없이 자본주의 제도와 생활을 유지하겠다고 약속했었습니다. 그러나 중국이 범죄인 인도법(송환법)을 발표하자 이에 반대하는 시위가 대규모로 확산되었습니다. 이러한 시위에 대해 어떤 입장인지 생각해 봅시다.

....

....

나 미국의 저명한 학자 놈 촘스키는 그의 저서 『불량 국가』에서 누가 불량 국가인가를 묻고 있습니다. 불량 국가를 처음 말한 것은 미국 대통령 조지 워커 부시였습니다. 그는 국제 사회의 질서를 어지럽히는 국가들로 이라크, 북한, 리비아, 쿠바 등을 꼽았습니다. 이후 미국의 45대 대통령인 도널드 트럼프도 불량 국가를 처단의 대상으로 삼고 있습니다. 과연 위 국가들은 불량 국가라고 볼 수 있을까요?

....

....

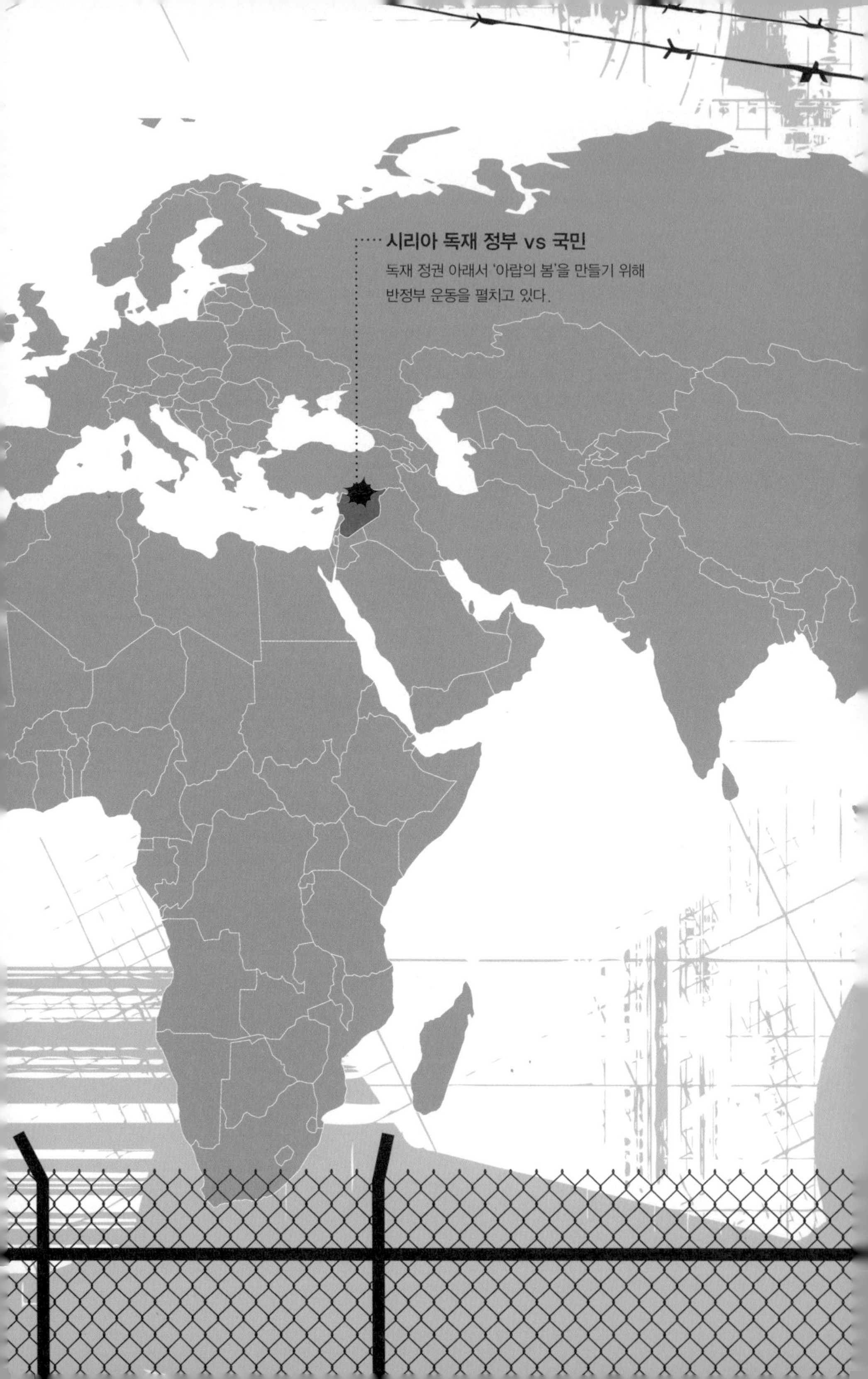
시리아 독재 정부 vs 국민
독재 정권 아래서 '아랍의 봄'을 만들기 위해
반정부 운동을 펼치고 있다.

8부

내전으로 고통받는 난민들

도망가는 난민을 걷어찬 카메라 기자

세르비아 접경 지역에서 수많은 사람이 사방으로 흩어져 도망가고 있었습니다. 그 뒤를 경찰들이 쫓고 있었는데 경찰에 붙잡히지 않기 위해 전력을 다해 뛰는 사람 중에는 어린 아들을 안고 있는 남자도 있었습니다. 그런데 누군가 남자의 발을 걸어 넘어뜨렸습니다. 그 탓에 남자의 품속에 안겨 있던 아이는 튕겨 나와 땅바닥에 나뒹굴게 됩니다. 도망가는 남자의 발을 건 사람은 헝가리인 카메라 기자 페트라 라슬로였습니다. 그녀는 임시 난민 수용소에서 경찰을 피해 달아나던 난민들을 촬영 중이었습니다. 그런데 그녀는 기자가 아니라 마치 폭력배처럼 도망가는 난민 아이들의 다리를 걷어차더니 급기야 아이를 안은 남자의 발까지 걸어 버린 것입니다. 이 같은 상황은 그 자리에 있었던 또 다른 기자의 카메라에 동영상으로 고스란히 찍혔습니다. 이 동영상이 세상에 퍼지자 많은 사람이 그녀를 비난했습니다. 그런데 사실 이러한 동영상은 난민들에게 가해지는 폭력의 아주 작은 부분일 뿐입니다. 우리가 알지 못하고 보지 못하는 곳에서 난민에 대한 탄압과 인권 침해는 더 괴물 같은 모습으로 기승을 부리고 있습니다.

기자의 발길질에 넘어진 시리아 남자는 수년 전만 해도 평범한 생활을 했던 아버지였습니다. 그는 자기 조국에서 매일 일을 했을 것이고, 일해서 번 돈으로 가족을 먹여 살렸을 것입니다. 많은 돈을 벌지는 못해도 일상을 유지하는 데 부족함은 없었을 것입니다. 세계 모든 사람이 그렇듯 자국의 정치적 상황이 꼭 마음에 들지 않아도 자신의 자리에서 일상을 꾸려 나갔을 것입니다. 그런데 자신의 나라를 떠나 난민으로 사는 이유는 고국에서 그 어떤 희망도 찾을 수 없기 때문일 것입니다. 그러니까 우리가 잊지 말아야 하는 것은 시리아 난민은 난민이 되기 전까지는 우리와 다르지 않은 일상을 유지했던 사람들이라는 것입니다. 그런데 시리아 국민에게 무슨 일이 있었던 것일까요? 멀쩡하게 일상을 잘 누렸던 평범한 국민이 어쩌다 고국을 탈출해 난민으로 떠돌고 있는 것일까요?

시리아 내전, 자국민을 난민으로 내몰다

시리아는 사회주의 공화국이면서 대통령제 국가입니다. 1973년에 채택된 헌법에 따라 대통령의 임기는 7년으로 우리나라보다 2년 더 깁니다. 그런데 이 헌법은 오랫동안 지켜지지 않았습니다.

시리아 파운드에 인쇄된 시리아 제2대 대통령 하페즈 알아사드(1970년 무혈 쿠테타로 집권했으며 구 소비에트 연방과 친밀한 관계를 유지해 원조를 얻고 걸프전 때는 연합군의 편을 드는 등 철저한 실리파 외교로 아랍권의 대부라 인정받았으나 30년 독재 정치를 하며 반대파를 탄압하여 비난의 대상이 되기도 했다.

1970년 혁명을 통해 정권을 잡은 하페즈 알아사드Hafez al-Assad가 죽을 때까지 권력을 내려놓지 않았기 때문이었습니다. 그는 30년 동안이나 시리아의 독재자로 군림했습니다. 그는 시리아 전체 인구의 70%인 수니파가 아니라 전체 인구의 13%에 해당하는 시아파(시아파 중에서도 알라위파)로, 국민의 적극적인 지지를 얻었던 사람은 아닙니다. 그렇지만 그가 오랫동안 권력을 유지할 수 있었던 것은 자국민에 대한 감시, 통제, 억압, 학살 등의 공포 정치를 계속해서 펼쳤기 때문입니다.

하페즈 알아사드는 2000년 심장마비로 사망했고, 그가 죽기 전에 그의 아들 바샤르 알아사드Bashar al-Assad를 자신의 후임으로 이미 지목한 상태였습니다. 안과의사 출신으로 영국 유학까지 마친 그는 원래 정치에는 관심이 없었습니다. 영국에서 인턴 생활을 하던 중 형 바실 알아사드Basil al-Assad가 죽게 되자 후계자로 지목을 받았던 것이었습니다.

바샤르 알아사드가 대통령직에 올랐을 당시에는 시리아 국민의 압도적인 지지를 받았습니다. 34세로 비교적 젊은 데다 영국 유학을 다녀온 안과 의사라는 경력이 사람들의 기대를 높였습니다. 바샤르 알아사드에 대항할 반군 세력도 딱히 없었기에 그는 무사히 대통령직에 올랐습니다.

바샤르 알아사드는 2005년에 29년간이나 주둔해왔던 군대를 레바논에서 완전 철군시켰습니다. 20세기 전만 해도 시리아와 레바논은 한 나라였지만, 제1차 세계대전과 프랑스의 신탁 통치를 거친 후 두 개의 국가로 독립하게 되었습니다. 이후 시리아는 레바논에 군대를 배치하고 막강한 정치력을 행사했습니다. 1992년 레바논 총선거에서 시리아 지원을 받는 후보들이 전체 의석의 75%를 차지하기도 했습니다. 이 사건은 레바논 내 반시리아 움직임을 높이는 상황을 만들었으나 시리아는 여러 이유를 들어 레바논 내 시리아군을 유지해왔었는데, 결국 자국의 군대를 철수시킨 것입니다. 물론 그렇다고 해서 레바논에 대한 시리아의 영향이 완전히 사라진 것은 아닙니다. 군대는 철수했지만, 레바논 정치권에 대한 영향력은 여전히 가지고 있기 때문입니다.

바샤르 알아사드의 권력이 순항을 타는 것처럼 보였던 때에 중동 사회에서는 변화의 물결이 일어났습니다. 그 시작은 2010년 아프리카 북부 지중해 연안의 튀니지였습니다. 튀니지에서는 독재 정권에 맞선 대규모 시위가 발생했습니다. 튀니지 혁명은 중동 및 북아프리카로 들불처럼 번졌습니다. 튀니지와 마찬가지로 오랜 기간 장기 독재 정권에 시달렸던 이집트, 예멘, 리비아 등의 국민 역시 거리로 뛰쳐 나와 민주화 운동을 펼쳤습니다. 이러한 분위기는 곧 시리아에도 찾아왔습니다. 바샤르 알아사드가 아버지를 이어 장

시리아 제3대 대통령 바샤르 알아사드

기 집권을 하고 있었기 때문입니다. 시리아 헌법상 대통령 임기 기간은 7년이었지만, 그는 헌법상 정해진 임기 기간에서 4년이 넘었는데도 여전히 대통령직에 있었습니다.

시리아 국민은 바샤르 알아사드의 퇴진을 요구하며 대규모 시위를 펼쳤습니다. 그러자 알아사드 정부는 군대까지 동원해 시위대에게 무차별적인 폭력을 행사했습니다. 당시 UN 사무총장이었던 반기문은 바샤르 알아사드 정부에 "무력 진압을 당장 멈춰라."고 요구했습니다. 바샤르 알아사드는 국제 사회를 향해 이렇게 대꾸했습니다.

"중동 지역이 불에 타는 모습을 보겠는가. 우리나라 문제에 간섭하지 말라." 이는 국제 사회를 향한 일종의 협박이었습니다. 한편 시리아 내 바샤르 알아사드 정권에 대한 반감이 높아져 가는 가운데 무장한 반군 세력이 등장했습니다. 반군 세력의 등장은 시리아를 정부군과 반군의 싸움터로 만들어 버렸고, 이는 정부의 시위대 진압 차원을 넘어서 내전으로 이어지는 결과를 낳았습니다. 게다가 종교적 대립까지 있었기에 그 양상은 훨씬 복잡해졌습니다. 바샤르 알아사드 정부는 이슬람 시아파였지만, 반군은 국민

시리아 반정부 시위(2011년 4월 29일)

의 다수를 차지하는 이슬람 수니파였습니다. 시리아 내전은 시아파와 수니파의 종교 무력 투쟁의 성격까지 띠게 되었습니다.

튀니지 혁명이 일으킨 아랍의 봄

튀니지의 한 도시 노점상에서 26살의 청년 모하메드 부아지지Mohamed Bouazizi는 과일과 채소를 팔았습니다. 대학까지 나왔지만 마땅한 일자리를 찾지 못했던 것입니다. 그런데 정부 단속에 걸려 그마저 할 수 없게 되었습니다. 절망한 청년은 자신의 몸에 불을 붙

재임 시절 해군성에 걸려 있었던 튀니지 벤 알리 사진

여 죽기로 합니다. 2010년 12월 17일에 일어난 일입니다. 그는 온몸에 화상을 입은 채 병원으로 옮겨졌지만, 그다음 해인 1월 4일에 결국 세상을 떠나고 말았습니다. 이 사건은 인터넷의 소셜 미디어를 통해 퍼져 나갔습니다. 그와 함께 23년이나 장기 집권 중인 제인 엘아비디네 벤 알리Zine El Abidine Ben Ali 튀니지 대통령의 사치스러운 생활이 공개되었습니다.

그는 집권 기간 측근들과 온갖 부정부패를 저질렀고, 그렇게 모은 돈은 그와 그 측근들의 통장 속에 들어갔습니다. 반면 튀니지 국민은 고물가, 고실업에 시달려야 했습니다. 전 국민 중 40% 이상이 하루 2달러 미만으로 생활했고, 30%의 청년은 일자리를 구하지 못하고 있었습니다. 빈부 격차도 커 대다수 사람은 상대적 박탈감을 느껴야 했습니다. 이는 독재 정권의 부정부패, 국민을 위하지 않은 경제적 정책 때문에 발생한 일이었습니다. 일부 언론에서 "튀니지 혁명은 굶주림의 혁명이다."라고 말한 이유도 바로 여기에 있습니다.

튀니지에서는 모하메드 부아지지의 죽음을 추모하기 위해 모인 사람을 중심으로 반정부 시위가 펼쳐지기 시작했습니다. 부아지지의 죽음은 단순히 개인의 문제가 아니라 튀니지 사회의 문제였기 때문입니다. 부아지지는 부패한 정권, 극심한 빈부 격차 등에 분노한 사람들이 저항하도록 견인차 구실을 했던 것입니다.

갈수록 거세지는 시위에 제인 엘아비디네 벤 알리 대통령은

2012년 10월에 열린 튀니지 국민 4자 대화 기구 회의

궁에서 탈출해 사우디아라비아로 도망가 버렸습니다. 그가 해외로 탈출한 후, 튀니지 외곽의 대통령 궁에서는 2천 7백만 달러(약 304억 8천만 원) 규모의 보석류와 공금 등이 발견되기도 했습니다. 튀니지는 독재 정권을 물리친 후 자유 경선을 통해 대통령을 선출했습니다. 또한 2015년 10월에는 '튀니지의 다원적 민주주의 구축에 결정적 공헌'을 한 '국민 4자 대화기구'가 노벨 평화상을 받기도 했습니다. 튀니지의 독재자 퇴출은 주변 국가 국민에게 상당한 영향을 끼쳤습니다. 튀니지처럼 독재 정권 아래에서 고물가 고실업에 시달렸던 이집트, 시리아, 리비아 등의 국민도 대규모 시위를 펼쳤습니다. 당시 중동의 여러 나라에 들불처럼 일어난 민주화 운동을 일컬어 '아랍의 봄'이라 부릅니다. '아랍의 봄'은 독재 정권에

튀니지 시위대 모습(2010년 튀니지의 26살 청년 모하메드 부아지지가 부패한 경찰의 노점상 단속으로 생존권을 위협받자 이에 분신 자살로 항의했다. 이 사건을 시작으로 튀니지 민중은 반정부 시위로서 독재 정권에 저항하였다.)

맞선 민중이 동시다발적으로 반정부 운동을 펼친, 현대 역사에서 가장 규모가 큰 민주화 운동이라 할 수 있습니다. 그런데 모든 나라가 튀니지 혁명과 같이 성공적이지는 않았습니다.

이집트는 다시 들어선 독재 정권으로 인한 유혈 사태가 빈번하게 벌어지고, 리비아는 두 개의 정부로 나뉘어 갈등을 겪고 있습니다. 시리아는 내전으로 사회적 기능이 아예 마비된 상태가 되어 버렸습니다. 심지어 시리아 정부가 민간인 학살에 열을 올리는 동안에도 시리아 대통령 부인인 아스마 알아사드는 런던에서 사치스러운 생활을 하며 수억 원대의 쇼핑을 즐기기까지 했습니다.

시리아 내전은 '아랍의 봄'의 연장 선상에 있었습니다. 독재 정권을 물리치고, 민주화 사회를 만들고자 했던 시리아 국민의 바람에서 시작된 것이기 때문입니다. 하지만 그 바람은 온데간데없이 사라지고, 권력 분쟁, 종교 분쟁이 들어서더니 이젠 열강들의 각축장으로 변해 버렸습니다.

시리아 내전에 달려든 열강들

시리아 수도 다마스쿠스에는 500년의 역사를 가진 오랜 골목길이 있습니다. 그 골목길은 매우 좁아 겨우 한 사람 정도만 오갈

시리아는 어딜 가나 철권 통치자의 사진들과 마주쳐야 한다.

수 있습니다. 그래서 반대편에서 누군가 오면 벽에 바짝 붙어 지나쳐야 합니다. 그 짧은 시간에도 마주친 두 사람은 수줍은 듯 웃으며 가볍게 인사합니다. 국내에서 출판된 시리아 여행 책자에서는 시리아 사람들이 사람을 얼마나 좋아하는지 또 얼마나 친절한지 설명하고 있습니다. 하지만 현재 많은 시리아인이 웃음을 잃은 채 고국을 떠나야만 했습니다.

파괴된 도시, 마비된 경제, 끊임없이 터지는 폭탄 소리, 막막한 일상 등은 시리아인을 그곳에서 살 수 없도록 만들었습니다. 심지어 시리아 내전은 미국, 러시아, 영국, 프랑스, 터키, 이스라엘 등 세계 열강과 중동 국가의 대리전 형상을 띠게 되었습니다. 선발 주자는 러시아와 미국이었습니다. 러시아는 1970년대부터 시리아 정부와 친밀한 관계를 유지하고 있었습니다. 러시아에게 시리아는 러시아가 중동에 힘을 뻗칠 수 있는 전략적으로 중요한 국가였기 때문입니다. 러시아가 정부군을 지원하는 군대를 보내자 미국 역시 시리아에 미군을 파병하는 것으로 대응합했습니다. 중동에 대한 러시아의 영향력을 막는 한편 IS를 격퇴하기 위해서였습니다.

러시아와 미국의 뒤를 이어 영국과 프랑스도 연합군 형태로 시리아 내전에 개입했습니다. 미국 도널드 트럼프 대통령이 북대서양 조약 기구(NATO, North Atlantic Treaty Organization)에서 탈퇴할 것이라는 엄포를 놓았기 때문입니다. 나토는 서방 연대와 유럽 안보를 목적으로 만들어진 것입니다. 미국의 나토 탈퇴는 나토의 힘을 약화시키고, 이는 러시아에 유리한 방향으로 흘러갈 수 있다는 것이 유럽 국가의 판단이었습니다. 그런데 미국이 NATO 탈퇴라는 무리수를 두고 엄포를 놓으니 시리아 내전에 참여하지 않을 수 없었던 것입니다. 그 이유만 있었던 것은 아닙니다. 당시 프랑스 대통령이었던 에마뉘엘 마크롱Emmanuel Macron은 공공개혁에 대한 자국민의 반발이 거세지자 자국민의 시각을 외부로 돌리려는 목적으로 시리아 내전을 이용했던 것이었습니다.

영국 역시 EU(European Union, 유럽 연합) 탈퇴를 앞두고 미국과 우방 관계를 더욱 돈독히 할 필요가 있었습니다. EU는 유럽의 여러 나라가 공동 경제, 사회, 안보 정책의 실행을 위해 1993년 11월 1

일에 창설한 기구입니다. EU에 가입한 유럽 국가는 단일 화폐를 사용하고, 공동 시민권을 가지게 되었습니다. 국가의 범주를 넘어 더 큰 경제적 정치적 공동체가 되어 서로에게 걸었던 제약이 많이 사라진 것입니다. 영국은 EU 탈퇴를 결정하는 2016년 국민 투표에서 51.9%의 찬성으로 EU를 탈퇴했습니다. 영국은 유럽 공동체에서 튀어나오게 됨으로써 그 빈자리를 채울 우방 국가와의 긴밀한 관계가 그 어느 때보다 필요해진 상황이었습니다. 영국은 그런 국가로 미국을 선택한 것이고, 미국과의 동맹을 이전보다 더 굳건하게 다지고 싶었던 것입니다.

이란과 이스라엘도 각국의 이해관계에 따라 영국과 프랑스보다 앞서 시리아 내전에 뛰어들었습니다. 이란은 '친러 반미'로 시리아의 시아파 정권을 지원하고자 군대를 보냈습니다. 이스라엘은 시리아와 오랫동안 대립 관계에 있었습니다. 시리아 군대가 레바논에 주둔했던 이유는 이스라엘을 막기 위해서였는데, 이스라엘은 시리아의 주요 시설을 공습하곤 했었습니다. 그런 상황이었지만 이스라엘은 처음부터 시리아 내전에 뛰어들 생각은 없었습니다. 오히려 이스라엘 총리 베냐민 네타냐후Benjamin Netanyahu는 미국과 러시아에 시리아 내전에 참여하지 말라는 경고까지 한 참이었습니다. 하지만 시리아 정부군을 지원하는 이란을 견제하고자 반군을 지지하는 군대를 보내게 된 것이었습니다. 시리아 내전은 미국과 러시아의 대리전에 이어 이란과 이스라엘의 대리전으로 확대되었습니다.

한편 터키는 다른 열강과 달리 시리아 내 쿠르드족 독립을 견제하기 위해 시리아 내전에 뛰어들었습니다. 쿠르드족은 대부분 이슬람 수니파 교도로 '나라 없이 떠도는 민족' 중에서도 규모가 가장 큰 경우로 전 세계에 약 3,000만 명이 사는 것으로 알려져 있습니다. 이들은 전통적으로 터키와 이란의 고지대에서 유목 생활을 해왔던 경우였습니다. 하지만 민족주의의 대두 후 이들 역시 '민족 국가'에 대한 필요성을 가지게 되었습니다. 이는 터키엔 상당히 불편한 일이었습니다. 터키 인구의 약 20%인 1,500만 명이 쿠르드족이기 때문입니다. 터키는 그동안 쿠르드족에 대한 차별 정책을 펼쳐왔으며, 쿠르드족의 민족의식을 말살하려 했습니다. 무엇보다 쿠르드족의 독립운동을 폭력적으로 진압하는 중이었습니다. 그런데 시리아 내 쿠르드족이 시리아 내전을 기회로 독립 움직임을 보이자 이를 견제할 필요성을 느낀 것이죠. 시리아 내 쿠르드족의 독립이 바로 옆 터키 내 쿠르드족에게도 상당히 많은 영향을 미치게 될 것이라 우려했기 때문입니다. 그러니까 터키는 자국의 안정을 위해 시리아 내 쿠르드족을 저지하려는 목적으로 시리아 내전에 뛰어든 것이었습니다.

열강과 주변 국가의 개입으로 시리아 내전은 열강들의 각축장으로 변해 버렸습니다. 시리아만의 의지로 전쟁을 끝낼 수 없게 되었고, 수많은 시리아 국민은 전쟁터가 되어 버린 땅에서 탈출해야만 했습니다. 그런 와중에 미국 트럼프 정부는 2019년 10월 시리아에서 병력을 철수하겠다는 발표를 했습니다. 이는 동맹국으로 참여한 프랑스와 영국의 뒤통수를 치는 일이었습니다. 동맹국인 프랑스와 영국에 아무런 통보 없이 미국이 일방적으로 결정한 일이었기 때문입니다. 반면, 터키는 미국이 발을 뺀 것을 기회로 삼아 시리아 내 쿠르드족을 공습했습니다. 이 군사 작전으로 시리아 내 쿠르드족 500여 명이 사망했고, 30여만 명이 피난을 가야 했습니다. 이에 대해 미국은 침묵했습니다. 쿠르드 민병대는 미군의 지원으로 2019년 초까지 5년간 이어진 IS와의 전투에서 계속 승리를 거뒀고, 특히 2019년 초에는 텔 아비아드와 라스 알아인 등 두 지역의 IS를 완전히 내쫓으면서 시리아 북동부 영토를 장악해 사실상 자치를 누려왔습니다. 이에 쿠루드족은 독립국 건설이라는 목표를 실현하는 듯했으나 시리아 주둔 미군 철수로 독립국가의 염원은 또다시 멀어지게 된 것이었습니다.

터키의 쿠르드족 학살에 대한 미국의 침묵은 쿠르드족에겐 배신행위라고 할 수 있습니다. 시리아 내전에 참여하는 동안 미군은 IS를 퇴치하고자 쿠르드족과 사실상 동맹을 맺었기 때문입니다. 그런데 이 동맹 역시 미군 철수 발표로 깨지고 만 것입니다. 그리고 이를 기다렸다는 듯 공격한 터키군에 쿠르드족은 엄청난 피해를 입고야 말았습니다. 결과적으로 미국 트럼프 대통령은 시리아 내전에서 완전히 철수하지는 않았지만 대신 미군 주둔을 감축시키는 쪽으로 방향을 틀었습니다. 당시 트럼프 대통령은 이렇게 말했습니다. "내가 통치하는 미국은 이익이 되지 않는 전쟁은 원치 않는다. 나는 미국 우선주의 원칙을 지킬 것이다."라고 말입니다.

쿠르드족, "그들은 우리를 버렸습니다"

고대 철학자 아리스토텔레스는 "인간은 천성적으로 국가를 형성하는 동물이다."라고 말했습니다. 인간은 혼자 살 수 없기에 작게는 가정을 이루고, 크게는 국가를 이루었습니다. 우리는 평소 국가의 존재를 크게 느끼지 못합니다. 하지만 국제 사회에서 국가는 개인의 보호 장치가 되어 줍니다. 여행, 사업, 이주 등의 일로 해외에 나가면 국가의 경제력, 정치력, 군사력에 따라 그에 대한 대우도 달라진다는 것을 느끼게 되는 경우가 많습니다.

나라 없는 민족인 쿠르드족은 터키, 이라크, 시리아 등에서 살며, 수많은 차별과 탄압에 시달려 왔습니다. 이스라엘을 건국하기 전에 일어났던 유대인에 대한 탄압과 미얀마에서 인종 청소까지 당하는 로힝야족의 사례만 봐도 알 수 있듯이 쿠르드족의 삶 역시 고난의 연속이었습니다. 그래서 그들은 자신들의 나라를 꿈꾸었지만 그 과정은 쉽지 않았습니다. 주변국들은 이들의 국가 건립을 막기 위해 진압과 탄압을 일삼았고, 강대국들은 이들에게 헛된 약속을 하고서 이용하다 버리기를 반복했습니다. 특히 현대 역사에서 쿠르드족만큼 배신을 많이 당한 민족도 없을 것입니다.

그 시작은 제1차 세계대전이었습니다. 당시 영국을 중심으로 한 연합군은 오스만 제국(오늘날 터키)의 지배를 받고 있던 쿠르드족에게 달콤한 제안을 합니다. "너희가 우리와 함께 싸우면 독립국을 건설해줄게. 오스만 제국을 함께 물리치자."라고 말입니다. 쿠르드족은 이 제안을 믿고 연합군의 편에서 싸웠습니다.

제1차 세계대진에서 승리한 연합군은 오스만 제국과 1920년 '세브르 조약(Treaty of Sèvres)'을 맺습니다. 이 조약의 내용에는 오스만 제국의 해체와 쿠르드족의 독립이 있었습니다. 오스만 제국에 포함된 국가에는 이라크, 요르단, 팔레스타인, 시리아, 레바논이 있었습니다. 그 후 영국은 이라크, 요르단, 팔레스타인을 그리고 프랑스는 시리아, 레바논을 위임 통치하게 되었습니다. 오스만 제국에게는 뼈아픈 일이었지만 쿠르드족에게는 그들만의 영토를 가질 기회였습니다. 그런데 영국을 비롯한 연합군은 쿠르드족과의 약

키르쿠크 시타델 북쪽의 아르빌

속을 석유 때문에 가볍게 저버렸습니다.

터키 내 쿠르드족의 주 거주지는 키르쿠크였습니다. 바로 영국이 쿠르드족에게 주겠다고 약속한 곳이었죠. 그런데 그 땅에 대규모 유전이 있다는 것을 발견하게 된 영국은 생각했습니다. '와! 이렇게 많은 석유가 있다니. 무조건 우리가 가져야지. 그러려면 쿠르드족에게 이 땅을 주면 안 되겠지? 그래, 이 땅은 이라크에 편입시키자. 그래서 우리가 안정적으로 가져오는 거야.'라고 말입니다.

세브르 조약으로 이라크는 영국령이 되었습니다. 한마디로 영국은 석유를 차지하기 위해 쿠르드족에게 약속한 땅을 주지 않기로 한 것입니다. 게다가 1922년 터키를 침공한 그리스전에서 터키가 승리를 잡자 상황은 급변했습니다. 터키 공화국을 세운 터키는 세브르 조약을 무효로 하는 로잔 조약(Treaty of Lausanne)을 맺습니다. 로잔 조약 내용에는 쿠르드족의 독립은 빠져 있었으며 당연히 쿠르드족은 이에 반발했고, 독립투쟁을 펼쳤습니다. 그러자 당시 영국 총리인 윈스턴 처칠Winston Churchill은 이렇게 말했습니다. "벌레 같고 하찮다."

심지어 처칠은 제1차 세계대전 당시 사용했던 독가스로 쿠르드족을 다 죽이라는 명령을 내리기까지 했습니다. 그런데 영국은 쿠르드족을 다 죽일 수 있을 만큼 충분한 독가스를 보유하고 있지는 않았습니다. 실제 독가스 학살이 자행되지 않았지만 쿠르드인 수만 명이 죽었습니다. 이 비극적 사건은 이라크 후세인 정부에 의해 다시 한 번 반복되었습니다. 이라크에는 전체 인구의 약 17%에 해당하는 600만 명의 쿠르드족이 살고 있는데 이들이 걸프전에서 적국에 협력했다는 이유로 독가스 공격을 퍼부었습니다. 이라크의 독재자 사담 후세인은 1980년대 이란-이라크 전쟁에서 독가스를 사용해 약 18만 명의 쿠르드인을 학살했습니다. 쿠르드가 이란을 도왔다는 이유로 인종청소에 가까운 학살을 자행한 것이었습니다. 이로 인해 수많은 쿠르드족이 목숨을 잃었습니다. 국제 사회는 물론 영국에서도 이를 비난하자 후세인은 이렇게 대꾸했습니다. "영국의 처칠 수상에게서 배운 것일 뿐"이라며 비웃었다는 일화도 남아 있습니다. 이스라엘은 주적인 이란을 견제하기 위한 목적으로 쿠르드를 지원했지만 우방 터키 정부의 쿠르드 탄압을 돕는 이중적인 행태를 보였다.

쿠르드족은 1939년 발발한 제2차 세계대전에서는 러시아(당시 소련)의 지원을 받아 이란 북부에 사회주의 국가인 마하바드 공화국(Republic of Mahabad)을 세운 적이 있습니다. 하지만 이 공화국은 이란군의 침략으로 수립 1년도 되지 않아 그대로 무너지고 말았습니다. 당시 쿠르드족은 소련에 지원 요청을 했지만, 소련은 그 요청을 무시했습니다. 소련이 마하바드 공화국을 세울 수 있게 만든 이유는 애당초 이란과의 협상에서 유리한 고지를 점하기 위해서였습니다. 쿠르드족은 영국에 이어 러시아에까지 배신당한 셈이었습니다. 하지만 여러 번에 걸쳐 반복적으로 쿠르드족을 배신한 국가는 미국이었습니다. 상황에 따라 쿠르드족을 이용하다 가차없이 버린 것으로 따진다면, 미국을 넘어설 국가가 없을 것입니다.

쿠르드족에 대한 미국의 습관적 배신

트럼프 대통령이 시리아 북부에서 미군을 철수하자 미국과 동맹을 맺은 쿠르드족은 끈 떨어진 연이 되어 버렸습니다. "쿠르드족이 없었다면, 시리아에서 IS와 싸우는 데 성공하지 못했을 것이다."는 미국 군인 조지프 보텔Joseph Votel의 증언이 나올 정도로 쿠르드족은 IS와의 싸움에서 미국에 아주 큰 도움이 되었습니다. 그런데 미국은 전쟁터에 쿠르드족을 남겨둔 채 철군해 버린 것입니다. 함께 싸워주면 쿠르드족의 독립을 돕겠다는 약속도 헌신짝처럼 버린 것이었습니다.

그러자 당시 미군 중부 사령관으로 시리아 내전에 파견되었던 데이비드 퍼트레이어스David Petraeus는 미 공영라디오 NPR 인터뷰에서 이렇게 말했습니다. "쿠르드인들은 '산' 말고는 친구가 없다는 말을 하곤 했다. 나는 그들을 안심시키고 '미국이 친구'라고 말해주곤 했다. 슬프게도 이건 거의 틀림없이 배신이다."

그런데 미국이 쿠르드족을 배신한 것은 이번이 처음은 아니었습니다. 미국 기자 존 슈바르츠Jon Schwarz는 비영리 인터넷 신문인 《인터셉트(The Intercept)》에 "미국은 시리아 내전의 배신까지 포함, 최소 8번 쿠르드족을 배신했다."는 기사를 올렸습니다. 8번의 배신은 지난 100년 사이에 이루어진 것입니다. 최초의 배신은 위에서 언급한 미국도 동참한 영국 연합군의 배신입니다. 이후로 미국은

쿠르드족 (쿠르드족의 거주지인 쿠르디스탄은 중세부터 근대에 걸쳐 광대한 영토를 유지한 오스만 제국에 있었지만 제1차 세계대전에서 오스만 제국이 패전한 후 영국과 프랑스에 의해서 만들어진 자 의적인 국경선에 의해 분리되어 쿠르드족 전체 인구의 45% 터키에, 24% 이란에, 18%는 이라크에, 6%는 시리아에 거주하고 있다.)

이라크에서 쿠르드족에게 한 약속을 적어도 네 번 이상 어겼습니다. 미국의 방식은 매번 같습니다. "우리를 도우면 너희를 독립시켜줄게."입니다. 그리고 무기를 지원해 미국의 적과 싸우도록 만들었습니다. 싸움이 길어지면, 미국은 전쟁터에서 뒤도 안 돌아보고 발을 뺐고 그러면 미국의 적이었던 상대는 쿠르드족을 박해하거나 학살했던 것이었습니다.

시리아 내전의 사례에서도 보았듯, 미국은 다른 중동 국가와 마찬가지로 쿠르드족의 독립을 원하지 않았습니다. 그들이 원하는 건 중동 지역에 큰 영향권을 행사하는 것뿐이었고 그러기 위해 전투력이 높은 쿠르드족에게 무기를 지원해 IS와의 전쟁에서 승리하여 유리한 입장을 차지하거나 아예 동맹군으로 함께 전투에 참여하도록 만들었던 것이었습니다.

쿠르드족은 미국을 비롯한 강대국들이 매번 그 어떤 약속도 지키지 않는 것을 경험했습니다. 그런데도 서구 강대국의 달콤한 제안을 단호하게 거절하지 못했습니다. 이는 쿠르드족과 중동 여러 국가의 관계 때문이었습니다. 터키, 이란, 이라크, 시리아 등의 국가는 쿠르드족의 독립을 원치 않으며, 그들이 독립 움직임을 보이면 무력으로 진압해 버리거나 더 심하게는 집단 학살을 일삼아 버렸습니다. 국가 없는 민족인 쿠르드족은 자력으로 이러한 상황을 타파할 수 없습니다. 그러니 당연히 힘 있는 다른 세력, 서구 세력의 힘을 빌리려고 하는 것입니다. 미국을 비롯한 서구의 강대국이 배신에 배신을 거듭하는데도 또 손을 내밀면 덥석 잡게 되는 이유가 바로 여기에 있습니다.

쿠르드족, 지배당하지 않는 정신

쿠르드족은 터키, 이란, 이라크, 시리아 등이 접경을 이루는 쿠르디스탄에 거주하는 민족입니다. 이들은 주로 목축업을 하는 유목민으로, 대부분 이슬람교 수니파를 믿고 있습니다. 이들은 쿠르드어를 사용하는데, 터키 정부는 이들의 언어를 사용 금지하기도 했습니다. 2010년 제15회 부산 국제 영화제에서는 아시아 특별전으로 쿠르디스탄의 영화를 소개하는 〈쿠르드 시네마, 지배당하지 않는 정신(Krudish Cinema, The Unconquered Spirit)〉을 소개했습니다. 관계자 측에 따르면, 쿠르드 영화가 단독적으로 상영된 적은 있었으나 쿠르드 영화 여러 편이 특별전으로 소개된 것은 이번 영화제가 최초였습니다.

디야르바키르의 아이들

이 중 미라즈 베자르Miraz Bezar 감독의 영화 〈내 눈앞에서 : 디야르바키르의 아이들(The Children of Diyarbakir)〉은 좀 더 특별한 의미를 지닙니다. 터키에서 쿠르드 언어로 개봉된 최초의 영화이기 때문입니다.

〈내 눈앞에서 : 디야르바키르의 아이들〉은 부모가 눈앞에서 살해당하는 것을 목격한 소녀 굴리스탄의 이야기입니다. 굴리스탄은 가족과 함께 친척 결혼식에 다녀오던 중 부모가 눈앞에서 살해당하는 장면을 목격했습니다. 갓난아이 막내와 남동생 피렛과 남겨진 굴리스탄은 운동권에서 활동하는 이모 옛분의 보살핌을 받지만, 그녀는 그들을 스웨덴에 살고 있는 할아버지에게 데리고 가기 위해 비자를 발급받으러 나갔다 체포를 당하고 말았습니다. 결국 다시 기댈 곳이 없어진 아이들은 집안의 가구를 팔고 시장을 맴돌며 근근이 연명해 살아가지만, 약 살 돈까지 없어진 그들은 막내 동생까지 잃고 맙니다.
그들은 결국 길거리로 나앉게 되고 집이 없는 제랄을 만나 앵벌이 생활을 하며 지냅니다. 이런 과정에서 피렛은 소매치기 친구들과 어울려 점점 더 폭력적으로 변해가고, 비밀경찰 누리의 집에 가게 된 굴리스탄은 누리의 총과 사진을 챙겨 복수를 실행하게 됩니다. 굴리스탄은 쿠르드족을 상징하고 있는 반면 굴리스탄의 부모를 살해한 누리는 터키 정부를 상징합니다. 굴리스탄은 부모를 잃은 후, 두 동생을 데리고 온갖 고생을 하며 살아가게 됩니다. 폭력과 가난 속에 버려진 아이들의 비참한 삶은 나라 없이 떠도는 민족의 삶을 상징적으로 보여주고 있습니다.

터키 정부는 오랜 세월 쿠르드인을 억압하며 학살해 왔습니다. 특히 터키 정부는 터키에 동화되기를 거부하고 분리 독립을 원해왔던 동부의 쿠르드족에 대한 탄압을 더 가혹하게 펼쳤습니다. 이러한 과정에서 목숨을 잃은 사람들의 아이는 오갈 데 없이 버려졌는데, 디야르바키르는 이렇게 버려진 아이들이 가장 많이 발견된 곳이었습니다. 미라즈 베자르 감독이 영화의 배경 장소로 디야르바키르를 선택한 것도 이러한 이유 때문입니다. 하지만 쿠르드 언어로 영화를 만드는 과정은 쉽지 않았습니다. 터키 정부가 쿠르드 언어를 아는 디야르바키르 주민 상당수를 다른 지역으로 이주시켜 버렸기에 쿠르드 언어를 쓰는 배우를 구하는 게 힘들었기 때문입니다. 그래서 감독은 쿠르드 언어를 할 줄 아는 일반인을 캐스팅하게 되었습니다.

언어는 단지 의사소통의 기능만 있는 것이 아니라 그 민족만의 문화, 사상, 역사 등을 공유하거나 이어주는 기능까지 있습니다. 즉, 민족의 언어를 금지하는 건 그 민족의 정신을 말살시키는 것과 같습니다. 그래서 지배 국가는 피지배 민족이 그들의 언어를 쓰지 못하도록 꽤 많은 공을 들입니다.

미라즈 베자르 감독은 영화를 통해 '쿠르드족의 지배당하지 않는 정신'을 보여주고 싶어 했습니다. 그리고 그 정신을 '자신의 언어를 잃지 않은 사람들'의 이야기를 통해 드러내고 있습니다.

꼭꼭 씹어 생각 정리하기

가 세계 많은 시민은 분쟁을 바라지 않습니다. 분쟁으로 인해 고통을 당하는 건 위정자가 아니라 힘없는 일반인이기 때문입니다. 우리나라에 국제 분쟁이 발생하면 우리는 무엇을 할 수 있을까요?

....

....

나 국제법이 강한 효력을 발생하고 있지는 않지만 강대국들이 저지르는 습관적인 배신 행위에 대해 어떻게 하면 좀 더 강제력을 행사할 수 있을까 생각해 봅시다.

....

....

다 쿠르드족은 지난 3년간 이라크 정부군을 대신해 북부 키르쿠크주와 니네베주를 이슬람국가(IS)의 손아귀에서 지켜냈습니다. 쿠르드족은 IS 격퇴전으로 높아진 위상과 명분을 내세워 독립을 협상할 절호의 기회라고 판단하고 2017년 분리·독립 주민투표를 강행했습니다. 투표 결과 92.73% 찬성이지만 이라크와 미국 등의 반대로 독립은 여전히 쉽지 않아 보입니다. 쿠르드족이 주권을 회복하는 방법이 과연 무엇일지 생각해 봅시다.

....

....

지구 공동체의 평화를 위해 우리가 할 일

국제 분쟁 원고를 쓰는 몇 달 동안 세계는 코로나19 사태로 혼란에 처해 있었습니다. 드라마 〈왕좌의 게임〉으로 따지자면, '죽은 자들의 군대'가 결국 이 세상을 덮친 셈이죠. 이러한 상황에서 우리는 어떻게 해야 할까요? 이 질문에 대한 답은 매우 명백합니다. 모든 사람이 연대해 서로를 돕는 것입니다. 분쟁 중인 국가는 이 때나마 잠시 분쟁을 멈추고, 코로나19의 공격에 취약한 사람들을 살펴야 합니다. 이것은 스스로 만물의 영장이라 칭하는 인간이 해야만 하는 일이고, 그래야 코로나19의 공격을 성공적으로 방어할 수 있기 때문입니다.

그런데 오히려 세계 곳곳에서는 코로나19로 인한 인종 차별 현상이 나타났습니다. 인종 차별은 오래전부터 유럽 국가를 중심으로 거의 모든 사회에서 일어나고 있는 현상입니다. 단 한번도 인종 차별이 없었던 시대는 없었을 것입니다. 그나마 그동안 수면 아래 있었는데, 코로나19로 인해 수면 위로 적나라하게 펼쳐지기 시작한 것입니다. 각 국가에서 감염을 막기 위해 도시를 봉쇄하자, 미국과 유럽에서는 "약한 자는 그냥 죽게 내버려 둬라."는 목소리까지 나왔습니다. 프랑스의 의료 전문가인 장 폴 미라와 카밀 로히트는 프랑스 뉴스 LCI의 토론회에 나와 "아프리카에서 코로나19 백신을 테스트해보자."는 주장을 펼치기도 했습니다. 아프리카인들은 자신을 보호할 수 없기 때문이라는 게 그 이유였습니다. 이 말은 '검증되지 않은 백신을 유럽인에게 테스트하는 것은 위험하니, 의료 체계가 없어 어차피 죽을 확률이 높은 아프리카인에게 실험하자.'는 뜻입니다. 이들의 생각은 식민지 시대 유럽인들의 세계관과 놀랍도록 닮아 있습니다. 물론 이는 소수에 불과하지만 침묵하는 다수보다 목소리를 내는 소수의 의견이 사람들에게 더 강하게 다가오기도 합니다.

한국을 제외한 대부분의 국가에서는 코로나19 초기에 휴지를 비롯한 생필품 사재기가 일어났으며, 서로 몸싸움을 하는 일까지 벌어졌습니다. 국가 차원에서도 마스크 등의 방역 물품을 확보하고자 정보 기관까지 동원해 물밑 싸움을 펼쳤습니다. 프랑스, 독일, 영국이 중국에 주문한 마스크를 미국이 중간에서 가로채 '현대판 해적 행위'라는 비판도 받았습니다. 프랑스는 이탈리아와 스페인이 스웨덴 업체에서 구매한 마스크 400만 개를 압수했다가 스웨덴 정부의 항의를 받고 돌려주는 일도 있었습니다.

사재기 현상에서 가장 놀라운 품목은 '총기'였습니다. 이는 미국에서만 일어난 현상이었습니다. 총은 바이러스의 공격을 막을 수 있는 무기가 될 수 없습니다. 그런데 왜 미국인은 총기부터 사들였을까요? 코로나19로 사회적 경제적 혼란이 일 경우, 주변 이웃들이 강도나 도둑이 되어 자신의 것을 빼앗을 수도 있다는 두려움 때문입니다. 나와 내 가족을 제외한 다른 사람들을 적으로 인식했던 것입니다. 이러한 인식의 배경에는 정부에 대한 불신이 있습니다.

방역에 가장 취약한 난민촌은 공격과 비난의 대상이 되었습니다. 난민촌 사람들이 코로나19를 전염시킬 수 있다는 두려움을 가진 사람들이 난민촌 문 앞에 바리케이드를 치고, 그곳에서 그 누구도 나올 수 없도록 만들었습니다. 그로 인해 외부에서 그나마 조달받았던 물과 식량이 고갈되어, 난민촌 사람들은 코로나19로 인한 고통보다 더 큰 고통을 당해야 했습니다.

이런 와중에 세계는 '신냉전 시대'가 오는 것이 아닌지에 대한 불안까지 짊어져야 했습니다. 미국과 중국 때문이었죠. 미국은 연일 중국 정부를 비난했습니다. 코로나19의 침략을 제일 먼저 받았던 중국이 코로나19의 정체를 숨겼고, 세계에 정확한 정보를 주지 않아 결국 세계가 코로나19로 혼돈의 상태가 되었다는 게 그 이유였습니다. 코로나19의 진원지가 중국이며, 중국이 제대로 된 정보를 밝히지 않은 것은 사실입니다. 그런데 미국이 중국을 집중적으로 공격하는 것에는 다른 이유가 있습니다. 코로나19로 가장 많은 사람이 죽었으며, 경제적 피해를 가장 많이 본 미국의 국내 사정 때문이었습니다. 2020년 11월 3일에 있는 미국 대통령 선거를 앞둔 트럼프는 자신에게 향한 미국민의 불만을 외부의 적에게 돌릴 필요가 있었습니다.

코로나19는 오늘날 국제 정세의 본질을 보여주는 거울과 같습니다. 국제 분쟁의 이면엔 각종 차별, 우월 의식, 경제적 이익, 불안한 국내 정치, 위정자의 권력에 대한 집착 등이 깔려 있습니다. 아무리 좋은 말로 포장해도 국제 분쟁은 결국 인간의 어두운 욕망을 보여주는 일차원적인 싸움에 불과합니다. 그리고 코로나19는 서로에게 총만 쏘지 않았을 뿐 각 국가(혹은 민족)가 얼마나 이기적일 수 있는지 잘 보여주는 거울이 되어 버렸습니다.

물론 인종차별, 유럽인의 우월 의식, 국민보다 자신의 이익을 먼저 따지는 정치인의 셈법, 국가 간의 반목 등만으로 코로나19 시대를 설명할 수 없습니다. 사회적 규칙을 준수해 코로나19를 이겨내려는 사람들, 자신보다 더 힘든 사람을 도우려는 사람들, 다른 사람을 위해 기꺼이 병원으로 달려간 의료진들 등 선한 의지를 가진 사람들이 압도적으로 많기 때문입니다. 그래서 인류는 인류에게 닥친 위기를 또 이겨나가는 것이죠. 하지만 그 과정에서 약하고 힘없는 사람들이 너무 많이 희생되었고, 이들을 지켜주고 보호해줄 만한 장치는 너무 부족했습니다. 총이나 권력을 든 사람들의 목소리는 그렇지 않은 사람보다 훨씬 커 그로 인해 많은 사람이 고통스러운 시간을 보내야 했습니다.

세계의 많은 석학은 앞으로의 세상은 코로나19 이전으로 돌아갈 수 없을 것으로 예측합니다. 전염성 강한 바이러스에 거의 모든 국가가 봉쇄를 선택했고, 극단적 자국 중심주의 성향을 강하게 보였습니다. 지구 공동체라는 개념은 온데간데없이 사라졌고, UN 산하에 있는 세계보건기구(World Health Organization, WHO)는 어떤 역할도 하지 못했습니다. 이로 인해 보건 시스템을 비롯한 사회 시스템이 제대로 돌아가지 않은 국가의 국민은 제대로 된 국제 사회의 지원을 받지 못했습니다.

이제까지 지구 곳곳에서 산발적인 전쟁이나 내전이 있었다면, 코로나 19 팬데믹은 지구 전체가 침략받은 범지구적인 전쟁입니다. 앞으로는 모든 이가 이 전쟁에 참여하게 된 것이나 마찬가지입니다. 그래서 세계 각 국가는 이전보다 더 강력한 연대를 필요로 하지만, 국가마다 각각 다른 정권의 형태나 다양한 이해관계 등으로 그 길은 결코 쉬워 보이지 않습니다. 그런데도 우리가 잊지 말아야 할 것은 이 세계를 올바른 방향으로 이끄는 건 결국 우리 자신이라는 것입니다.

우리는 국민의 한 사람으로 국가를 운영하는 정부에 목소리를 내야 하며, 그 목소리가 정부의 정책에 반영될 수 있도록 연대해야 합니다. 이 연대는 또 세계 국민의 연대로 나가야 합니다. 로힝야족이나 쿠르드족, 홍콩인 등 세계 곳곳에서 탄압받는 이들에 대해 알아야 하는 이유도 여기 있습니다. 세상에 어떤 일이 일어나고 있는지 알아야 연대도 할 수 있고, 함께 싸울 수도 있는 것입니다. 우리의 평화는 우리 안에서만 평화롭다고 지켜지는 것이 아니고 세계가 하나로 연결되어 있기 때문입니다.